# 小学信息技术
# 教育与教学

胡欣华 \ 著

吉林文史出版社
JILIN WENSHI CHUBANSHE

**图书在版编目（CIP）数据**

小学信息技术教育与教学 / 胡欣华著. — 长春：
吉林文史出版社，2021.5
ISBN 978-7-5472-7730-0

Ⅰ.①小… Ⅱ.①胡… Ⅲ.①计算机课—教学研究—
小学 Ⅳ.①G623.582

中国版本图书馆CIP数据核字（2021）第088163号

小学信息技术教育与教学
XIAOXUE XINXI JISHU JIAOYU YU JIAOXUE

著 作 者：胡欣华
责任编辑：吕 莹
封面设计：言之凿
出版发行：吉林文史出版社有限责任公司
电 话：0431-81629369
地 址：长春市福祉大路5788号
邮 编：130117
网 址：www.jlws.com.cn
印 刷：北京政采印刷服务有限公司
开 本：170mm×240mm 1/16
印 张：12.5
字 数：225千字
版印次：2022年4月第1版 2022年4月第1次印刷
书 号：ISBN 978-7-5472-7730-0
定 价：45.00元

# 目 录

我与教育，注定有一种缘分。当教师，是我儿时的梦想；做教育，是我毕生的追求。在教育教学这条路上，我不断攀登，在播种的同时也在收获。我在教学之路上，坚定前行，只为遇见更好的自己。严谨、融悦、高效，是我的教学风格，这个教学风格是我在长期的教学实践过程中形成的。我希望做一名优秀的教师，也将成为名师视为人生的一个目标，我在乎的并不是荣誉、名气，而是希望自己专业水平的提高，能够给学生带来更多的帮助，能够给学校和教育带来更多的改变。我的教学，我的路，不管前方是荆棘遍地，还是鲜花铺路，我都将用心前行，无怨无悔。因为只有在路上，我才会遇见更好的自己。

# 我的教学我的路

# 第一节　教学之路

　　记得儿时写名为"我的梦想"的作文的时候，也不知出于何种原因，我当时写的是我长大后想当一名光荣的人民教师。现在回想起来，可能是从那一刻起与教师这一职业结下了不解之缘吧！1992年我从一名懵懂的幼职毕业生变成了一名人民教师，踏上三尺讲台。自踏上三尺讲台至今已经28个年头了，20多年来，我一直从事一线的信息技术教育教学工作以及学校相关的信息技术维护和培训等工作，还要忙于各位领导布置的任务，可以说是学校里不可缺少的小人物，学校只要与信息化设备，与电有关的事情都关我的事，工作琐碎、繁杂。但我始终以勤勤恳恳、踏踏实实的态度来对待工作，在课堂教学中不断积累、不断探索，利用一切学习、交流的机会积累教学经验，因此在教学、教研等方面取得了一定的成绩。在成长的过程中，我洒过艰辛的汗水、有过迷茫的摸索、既碰到过失败的挫折，也曾享受过成功的喜悦。经过自身的努力和领导的支持、培养，工作上也有了一定的成绩，成为广东省南粤优秀教师、广州市名教师工作室主持人、广州市优秀教师、越秀区名教师，在市、区内也有一定的声望。我也逐渐从一名初出茅庐的新教师成长为同行中的佼佼者。

　　在从教信息技术学科这些年中，我可以说痛并快乐着，喜欢在信息技术这门被人忽视的学科中努力实现自己的梦想。我不是计算机专科出身的，我是学幼儿教育的，由于是半路出家，不是科班出身，所以当初教信息技术这门学科的时候，深深地感觉到自身的文化底蕴不够深厚，追赶信息技术发展的步伐也感到颇为吃力，可以说吃了不少苦头。正是因为自己的"先天不足"，所以我更努力地学习，把书籍、报纸和杂志、网络作为自己成长的土壤，不局限于本学科的专业知识，广泛地进行阅读学习。我不断地利用课余时间参加各类学历培训和专业培训，以此来提高自身专业素质。2006年有幸参加了广东省基础教育系统"百千万人才工程"市（区）级名校长、名教师培养对象高级研修班为期三年的课程并以优异的成绩结业；2012年参加了广州市基础教育系统新一轮"百千万人才培养工程"首批培养对象小学名教师为期三年的培训，由于研修成绩优秀，2018年经过遴选成为广州市名教师工作室主持人；2013年参加了广州市基础教育第二批骨干教师研修班为期一年的学习；2018年被广州市教育局遴选参加了台北大学为期10天的高级研修班学习。我认为不管什么教学思想都来源于教育实践，专家教授们的讲座，更是他们自己专业成长道路上经验的分享，因此，我十分珍惜每次学习机会，努力去理解专家教授们讲座的精华所在，学习专家教授先进的教育思想、理念。其实，学习专家教授的先进教育思想和理念，也不用全部学会，只取适合自己的一两点精华，我觉得就可以了。特别是2012年有幸参加了广州市新一轮"百千万"名师培养对象的培训，培训期间，聆听了许多专家的专题讲座，特别是闫德明教授、刘良华教授、叶澜教授等专家的精彩专题讲座，更是受益匪浅。通过不断的研修学习，领略了许多教育教学前沿的改革动态、新理念，丰富了自我成长的知识宝库，丰满了自我发展的羽翼。

在不断学习、进修的过程中，我还积极参加各级教研活动，与同行进行深入的交流，这也是我成长历程中必不可少的一个环节。积极参加各级教研活动，能从与同行的交流中得到更多的信息，了解当前信息技术这个学科的热点问题，分享一些课堂教育教学的经验做法，会对自己的固有思维模式有一定的启发。我们身边不可能时时处处有专家、名师指点，但身边的每一个人，特别是同行都会成为自己的老师。当我还是信息技术的年轻教师时，有幸加入了广州市信息技术学科中心组成员，并成为广州市的特约教研员，外出听课、听讲座的机会多了，与其他同行互动学习的机会多了，我的视野开阔了，见识增长了，在日常教学中取长补短，学习同行的成功经验，在自己的课堂上加以改良，教学水平也有了飞跃式发展。我也在任教信息技术这门学科不满3年的时间内获得了越秀区的"教坛新秀"称号。

当然，我的成长离不开学校和各级领导对我的关爱和支持，是他们给予了我广阔的发展空间。从教20多年来，大部分时间我都专职当一名信息技术教师，能潜心去研究信息技术课堂教育教学的一些规律和模式，并对研究的成果进行了试验推广，也颇有收获，这无疑为我的专业成长打下了良好的基础。任教信息技术这门学科的前10年，是我专业发展最顺利、最迅速的时期，我通过自身的努力获得了不少荣誉，1998年获得了越秀区"教坛新秀"称号，2007年获得广州市"优秀教师"称号，2008年获得越秀区首届基础教育"名教师"称号，2017年被认定为广州市名教师工作室主持人，2018年被评为南粤优秀教师，是广东省"爱种子"教学改革行动项目核心团队骨干教师，广州市第十三、十四届特约教研员，市、区信息技术学科中心组成员，高、中职称评委库成员，教师资格证国考面试官，教师招聘面试官等。但2006年，由于人事改革、领导换届，我陷入参加工作以来的低谷，迫于学校的工作安排，我不得不从一名信息技术教师变成一名数学教师，任教两个班的数学兼信息技术。在那几年的教学中，我不得不把重心从信息技术教学转移到了数学教学中，将大部分精力都投入到数学教学中，努力上好数学课，教好数学，对得起学生、对得起家长。直到2009年，我遇到了工作生涯中的伯乐，虽然我不是千里马，但这一伯乐给予了我再次发展的空间，我的信息技术教育教学工作又上了一个台阶。虽然平时杂七杂八的事多，但不用任教抓质量的科目，也的确给了我许多学习、研究的时间。市、区教研员也给予了我实践的机会，这些年来，共计上公开课30多节、讲座40多个，我的专业水平得到很大的发展。在此期间，我被认定为广州市优秀教师、广州市第二批基础教育市级骨干教师、越秀区名教师并被广州市教育局教研室聘为广州市北部山区农村中小学教师信息技术学科带头人专项培训工作室负责人，负责对增城市正果镇的信息技术教师进行培训，还被越秀区教师进修学校聘为越秀区教坛新秀唯一外聘的研修导师。2017年我迎来了人生中的又一个伯乐，使我的专业发展有了质的飞跃，2018年被认定为广州市名教师工作室主持人，2018年被评为南粤教师，2018年被聘为广东省"爱种子"教学改革行动项目信息技术核心团队骨干教师。

一线教师在各自的工作岗位上都会有重教学轻研究的现象，因为科研课题的研究会花费大量本职工作以外的时间，许多教师都不愿意参加科研课题的研究。但只有真正做过课题研究才会懂得课题研究带给我们的乐趣，因此，我在前辈的带领下开始做课题研究，希望在研究中探索、发现、揭示课堂教学活动的内在规律，并将研究成果在课堂中实践，效果不错。从教二十几年来，我先后以一线教师的身份作为课题主要负责人主持了国家级课题"信息技术环境下多元学与教方式有效融入日常教学的研究"的子课题"多元化评价方法以及有效性的研究"；省级课题"多元文化背景下的民族学校班级文化建设""基于STEM理念下的小学Scratch拓展资源的开发和应用""网络环境下校际协作学习的研究"，该课题成果还被认定为为数不多值得推广的课题成果之一；市级课题："小学信息技术课堂教学中'学困生'发展的研究""小学信息技术课堂，发展性评价研究"等课题，并获得市优秀成果奖项。作为主要成员参与了国家级课题：由华南师范大学徐晓东教授主持的中国—联合国儿童基金会"基于网络下的校际协作学习""网络环境下，民族学校班级文化建设的研究"等课题研究，省信息技术科研课题"基于网络的校本研修模式与技术支撑环境的研究""基于可视化学习的微课资源开发与应用研究"等课题的研究。通过对课题的研究，我养成了实践—反思—实践—总结的习惯，不断借助课题研究更好地改进课堂教学，提高课堂的教学质量。

说起动笔写反思、写论文，相信大家都会觉得是很头疼的一件事，我也不例外。在烦琐复杂的工作之余，努力挤出时间写作，通过教学随笔、教育心得、教育教学反思等形式记录自己在教育教学实践中的一些想法、体会，促使自己不断阅读，不断学习，不断思考，不断总结经验，不断产生新的问题，从而产生新的教育理念，促使自己不断前行。当初看到别人写反思，自己也学着写反思，写着写着竟成了一种习惯，每次上完课后，或多或少，写一两句反思，久而久之，把这些反思和经验加以整理、总结，就可以写案例、写论文。从教以来共计有30多篇质量较高的论文发表在各级刊物上，所撰写的80多篇教学设计和论文、10多个课例、30多个课件分获全国、省、市、区奖项。丰富的一线教育教学和科研课题研究经验，为自身的专业发展奠定了良好的基础。

一晃20多年过去了，我也成了一名年轻的"老教师"，在此期间多次跟随市教研室的教研员到从化、增城、花都等地进行支教活动，给当地的信息技术教师上示范课、讲专题讲座，起到示范引领的作用。我还十分关注青年教师的成长，愿意把自己的教学经验和心得毫无保留地传授给青年教师，近年来培养青年教师成长共计38人。我先后与学校的青年教师结对帮扶，在我的帮助和指导下，4位本校青年教师积极参与信息技术学科相关教育教学活动，所上公开课获一致好评。其中一位教师被评为越秀区教坛新秀，三位教师参加了区教坛新秀的评比，均获优良奖。我还积极参与指导我区信息技术教师参加各级信息技术优质课比赛，使参赛教师的教学水平和能力得到迅速提升，在大家的共同努力下获得省、市优质课的一、二等奖，其中一人还获得了全国信息技术优质课比赛的一等奖。2010年我还被越秀区教师进修学校聘为越秀区教坛新秀唯一外聘研修导师，对学员进行了相关理论和教学素养的培训，使这些培训学员在自身的最近发展区得到了最大限度的发展。2012年我被广州市教育局教研室聘为广州市北部山区农村中小学教师信息技术学科带头人专项培训工作室负责人，与增城市正果镇的信息技术教师结对进行帮扶，通过赠书籍、共享教学资源、送课例、网上交流、送教送课上门等形式，对他们的专业素养和业务能力进行了有效的培训，使这些北部山区的教师迅速成长，他们的教学水平得到了一定的提升，参加各级各类比赛获得一定的成绩。2018年我成为广州市名教师工作室主持人，带领着工作室成员不断学习、探索，他们在各自专业领域有了一定的发展，成为市、区学科名教师、骨干教师。

教学相长是亘古不变的真理。在课堂上，我始终不把自己放在"权威者"的位置上，由传统的"知识传授者"转变成"知识的引航人"。在课堂教学中，我经常俯下身子，与学生一起探索、交流，跟学生打成一片，参与他们自主探究、合作学习的过程，与他们分享、交流自己的观点和看法，引导他们兴趣盎然地积极参与学习的全过程。在设计课堂教学的过程中以学生为中心，设身处地地为学生着想，注重学生的主体性，引导学生养成自主学习、探究、实践的习惯，提高学生的综合信息素养，同时把创新意识、创新精神潜移默化地植入学生心中，促进学生个性发展。在教学方法的设计上不再是"教师带着知识走向学生",而是"教师带着学生走向知识",使学生的知识、思维、技能和情感得到锻炼和熏陶。在强调学生主体性的过程中，充分发挥学生在学习过程中的主动性、积极性和创造性，以任务为驱动，开展小组协作学习，培养学生合作学习与探究学习的能力，并适当运用评价方式，让学生在相互评价的过程中学习，提高课堂教学的效果，培养学生的创新思维和自主学习、相互协作的能力。同时，从学生的经验出发，选用他们喜闻乐见的方式完成有趣的学习任务，采取多种教学手段激发、保持学生浓厚的学习兴趣，满足学生的发现需要和创造的成就感，尊重学生学习的独特体验，活跃课堂教学氛围，放手让学生学，使学生在自主、开放、融悦的环境中学到知识、得到锻炼和提高。我坚信在学生进步的同时，我自己也会不断进步。坚持利用课余时间培训学生参加各级各类比赛，所培训的尖子生参加全国、省、市、区的信息技术比赛，共计800多人次获各级各类奖项。

# 第二节 教学实录解读

闫德明教授在《如何形成教学风格》一书中指出：我们仅凭课堂教学实录，就能准确无误地道出执教者的姓名来，因为他们已经获得了独具特色的教学风格。李如密教授认为：所谓教学风格，是教师在长期教学实践中逐步形成的、富有成效的一贯的教学观点、教学技巧和教学作风的独特结合和表现，是教学艺术个性化的稳定状态之标志。

我想我的教学风格也是我从教多年的教学追求——严谨的教学态度、融悦的课堂氛围、高效的课堂教学。信息技术的技能基本上都从习得中来，从迁移中来，作为一线教师就要利用这个优势，以严谨的态度与融悦的课堂氛围去追求高效的课堂教学，从实际出发，在目标设计、教学方法和教学策略的运用、课程资源的利用等方面，努力形成自己特色，组织学生开展丰富多彩、形式多样的学习活动，进行分层教学，选用适合的教学方法，教给学生学习的方法，并引导学生在学习的过程中举一反三地学习新的技术，在挖掘技术和使用技术表达、创作之间，找到一个平衡点，使学生应用信息技术解决问题的能力在融悦的学习氛围中逐步提高，得到最大限度的发展。

下文以《公园乐悠悠——图像的复制》的教学设计为例来感受我的教学风格。

授课内容：广州市小学信息技术第一册第12课《公园乐悠悠——图像的复制》。

授课教师：广州市回民小学　胡欣华。

授课班级：广州市回民小学四年级（1）班。

## 一、教学内容分析

本课的教学内容是新编广州市信息技术教科书《信息技术》小学第一

册第二单元第12课的内容。本课主要是学习画图的技巧及组合处理的相关知识，要求学生初步理解图像复制时各操作的基本含义，学会复制图像的操作，并能在不同文件之间进行图像的复制。本课一般安排在完成图像选定、移动的学习后进行，在复习选定、图像移动、透明样式的前提下，学习图像的复制、粘贴，为后续学习图像的组合操作打下基础。

## 二、教学对象分析

本课教学对象是四年级第一学期的学生。他们对计算机的学习兴趣十分浓厚，对计算机的基本操作和画图软件有一定的认识，通过前面的学习已经掌握了直线、曲线、油漆桶、矩形、多边形等一些画图软件基本工具的使用方法，并掌握了画图中的选定、移动、透明样式等图像处理的方法，为本课的学习做了良好的铺垫。

## 三、教学目标

### （一）知识与技能

（1）学会复制图像的操作。

（2）初步理解图像复制时各操作的基本含义。

（3）学会在不同文件之间进行图像复制。

### （二）过程与方法

（1）通过任务驱动、自主探究的学习方法，掌握复制图像的方法。

（2）通过实践自主寻求问题的答案，并在实践中加以检验。

（3）通过观察、比较和讨论，探求灵活运用图像复制操作解决问题的方法。

### （三）情感态度与价值观

（1）积极主动地探索问题，感受发现、解决问题的快乐，提高自己的学习和探究能力。

（2）养成勇于探究、团结合作的学习习惯，并能用所学知识解决生活中的实际问题，学会学以致用。

（3）培养创造美、欣赏美的能力。

### 四、教学重点及难点

#### （一）教学重点

掌握画图中复制、粘贴的操作。

#### （二）教学难点

正确地运用复制、粘贴进行画图创作。

### 五、教学过程

#### （一）激趣引入

师：今天阳光灿烂，最适合到公园郊游了，同学们去郊游过吗？都去过哪些地方？

生1：爸爸妈妈带我去海珠湖。

生2：爸爸妈妈带我去白云山。

生3：爸爸妈妈带我去大夫山。

……

师：真羡慕大家可以和爸爸妈妈一起郊游，和爸爸妈妈谈谈心，感受大自然的美。今天小红也和家人一起到公园去游玩，让我们跟着小红一起到有羊城标志的越秀公园游玩一番。

【设计意图：用情境吸引学生的注意力，让学生全情投入学习。】

#### （二）复习旧知

师：他们走着走着，小红突然说："咦，怎么会这样？"大家帮忙看看小红发现了什么问题（图1-2-1）？

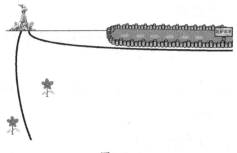

图1-2-1

生：小花在马路中间。

师：嗯，小花不可能种到马路中间，可能是运输的时候不小心掉下来的吧。谁能想到办法，将这朵小花移回花圃里？

生：可以用我们学过的"移动"技术把小花移回花圃里。

师：真聪明，能想到用我们学过的技术来解决把小花移回花圃这个问题，那现在我们来小结一下，操作的方法是怎样的？

生：选定—透明—移动。

师：那如果出现操作错误，可以怎么办？

生：可以用我们的好朋友"撤销"。

【设计意图：通过设疑，激发学生的学习兴趣，引起学生的学习需要。】

（三）学习新知

［任务一］花坛种花

师：看见我们成功地把小花移回花圃里，小红很高兴。可是，妈妈却说："怎么花圃里只有一株花啊？"小红心里想：有没有办法将一株花变成很多株花呢？如果能像复印机一样将小花复印出来就好了。

生：我们可以用复制。

生：我们可以用"编辑"菜单栏中的复制功能。

······

师：对，同学们真聪明，其实我们可以用画图软件中的一个强大的功能——复制，把小花"印"出来。

（出示课题。）

师：如果要找出复制这个功能的操作步骤，可以通过哪些途径？

生1：看画图的"帮助"。

生2：看书本。

生3：问一下学习伙伴。

······

师：看来，同学都想到了不少办法来学习复制这一功能，［出示范图（图1-2-2）］看看能不能通过上面的方法，找出复制这个功能的操作步骤。

（学生探究学习。）

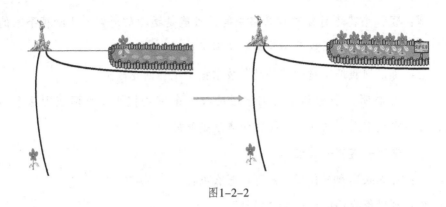

图1-2-2

师：谁来汇报一下你的学习成果？

生1：（边操作边汇报）先选定要复制的图块，选透明样式，然后先按编辑菜单栏中的复制，再按编辑菜单栏中的粘贴，最后把复制好的图像移动到指定的位置。

生2：（边操作边汇报）先选定要复制的图块，按着键盘Ctrl键不放，拖选定的图块，就可以对图块进行复制了。

……

（板书：选定—复制—粘贴—移动

　　　　完整　　　　同样的东西，选定框消失

　　　　透明样式　　可反复粘贴　不能再移动

快捷方式：Ctrl+拖动鼠标）

师：刚才同学们都分享了自己的学习成果，选定就是要告诉计算机你要复制什么内容，复制就是记下要复制的内容，粘贴就是把复制的图像放在画图的左上角，移动就是把复制出的内容移动到目标位置。

师：那在进行操作时，应该注意些什么呢？

生1：选定图像要完整。

生2：要复制同样的图块或图像，只需选一次复制，然后不停地选粘贴即可。

生3：在选定框消失前要把图块或图像放好。

……

【设计意图】明确目标和任务要求，引导学生通过多渠道进行探索学习，

让学生在习得中掌握新知，培养学生自主学习的能力。小结整理本课新知，形成整体的认知结构。】

[任务二] 自行车变变变

师：妈妈看到花圃中开满了鲜花，高兴极了，走着走着感到有点累了，说要骑自行车游公园，但爸爸说小红太小了，不能自己一个人骑自行车。那同学们有没有办法帮小红一家解决这个难题呢？

生1：可以租辆双人自行车。

生2：可以租三人自行车。

师：对，同学们真聪明，小红和爸爸妈妈只要租一辆三人自行车就可以解决问题了。

师：那如何把一人自行车变成三人自行车呢？一人自行车和三人自行车有什么相同或不同的地方？用我们刚学的复制技术，能不能解决这个问题（图1-2-3）？

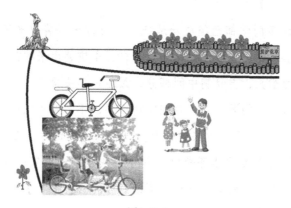

图1-2-3

生1：轮子一样。

生2：把手一样。

生3：脚踏不同。

生4：座位数不同。

师：思考一下，①要复制的部分是什么？②复制出来的部分如何拼装（图1-2-4）？

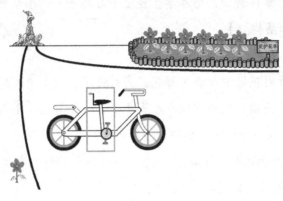

图1-2-4

生1：要复制的部分是自行车的座位和脚踏板。

生2：要先把把手移动，把座位复制多两个放中间，然后再把把手拼回去。

师：好，下面大家试试用这个方法是否能把一人自行车拼装成三人自行车。

（学生操作。）

师：看到许多同学都已经成功地把三人自行车拼装出来了，都拥有了自己的三人自行车，那你是如何把这辆三人自行车拼装出来的？

生：先移动车头，再复制中间部分，最后把车头接上。

师：在移动时我们要注意位置一定要准确，不满意可以撤销。

【设计意图】：通过师生的共同努力，找出解决问题的方法，增强学生解决问题的能力。引导学生用本课所学的知识解决生活中的实际问题，让学生明白要把学到的知识学以致用，真正发挥出它应有的价值。】

（四）巩固应用

［任务三］装扮美丽的公园

师：有了三人自行车，小红全家一起出发，游遍了公园，看到了许多漂亮的景色。现在，我们自己当一回设计师，把郊游的美景设计得更加丰富、美观，完成后设计一个小故事，同位互相分享一下，看看谁设计的故事最有创意。

（出示示范图，引导借鉴。）

师：我们还可以利用素材小仓库中的素材去美化你心目中的美丽公园。

（学生综合练习。）

师：谁来分享一下自己的设计和故事？

生1：……

生2：……

……

师：谁来评价一下，你喜欢谁的作品？你为什么喜欢？

生：我喜欢××的，她运用了我们所学的技术，把公园布置得十分漂亮，而且她讲的故事十分动听……

……

【设计意图：发展学生的想象力，运用所学技术，创作画画。通过互动交流和评价提高学生欣赏作品和评价作品的能力。】

（五）全课小结

师：你今天有什么收获？

生1：今天我学会了如何对图像进行复制。

生2：我喜欢用快捷键的方式进行复制。

生3：我知道了在进行复制之前选定图像一定要完整，不能多选也不能少选。

……

师：那复制的步骤应该是怎样的呢？

生：选定—复制—粘贴—移动。

师：那要注意些什么？

生1：选定要完整，要选透明样式。

生2：选定框消失了就不能再移动了。

生3：同样的东西，可反复粘贴。

师：希望同学们能运用好所学的技术，将生活中的美画出来。

【设计意图：形成整体的认知结构，鼓励学生综合运用所学知识进行画画创作。】

# 第三节　教学主张

信息技术的飞速发展无疑对信息技术这门课程的教学提出了更高的要求，信息技术课堂的教学不能只停留在完成传递文化知识与技能上，也不能停留在让学生只是模仿与继承的浅表层面上。作为教师需要在课堂上把众多的细节演绎并转化为深刻影响学生思维和接受的力量，促进个人成长和自我实现，深入挖掘学科的本质特征；创设融悦的课堂，既有宽松的环境、和谐的氛围，更要有全情的投入、激烈的思维碰撞，将学生引入真正思考的创造境界。

信息技术是一门工具性学科，具有很强的操作实践性，而且操作技能基本上都从习得中来、从迁移从中来，要选用适合的教学方法，教给学生学习的方法，使学生能在学习的过程中举一反三地学习新的技术，提高综合素质。

随着现代信息技术的不断发展，在课堂教学中如何吸引学生的注意力，激发学生全程积极参与学习活动，成为亟待解决的问题。因此，在课堂教学中，针对学生的年龄特点，我会选用贴近学生生活的主题，将知识点分解成一个个小的任务，每个任务都隐含着不同的知识点，并将这一个个小任务贯穿整个教学过程，层层推进，环环相扣，让学生不断发现问题、解决问题，使学生在不知不觉中掌握需要掌握的知识点，从而达到学习新知识的目的，并鼓励学生将所学到的技术运用到实际的练习中去。例如，在教学《公园乐悠悠——图像的复制》一课时，我以郊游为主线，设计了三个人物形象：小红、爸爸、妈妈，通过他们之间的对话，将问题抛出，引导学生通过自主探究、小组合作学习解决问题，较好地达成了本课预设的合作学习目标。与此同时及时引导学生对知识进行梳理、归纳，培养学生的学习能力，鼓励他们用所学的技术解决生活中的实际问题。

我国古代大教育家孔子也曾说过："知之者不如好之者，好之者不如乐之者。"只有"好之""乐之"才能有高涨的学习热情和强烈的求知欲望，才能以学为乐。成功的教学所需要的不是强制，而是激发学生的兴趣，让学生充满激情地全程参与学习活动。众所周知，兴趣是最好的老师，而学生的兴趣源自具体情境，因此在上新课前，我都会运用学生熟悉的、感兴趣的情境激发他们的学习兴趣，大大增强他们的学习兴趣和求知欲。例如，教学《公园乐悠悠——图像的复制》一课，在设计任务二——"把一人自行车拼装成三人自行车"这个环节，当问题抛出的时候，许多学生都已经迫不及待想动手尝试一下把一人自行车拼装成三人自行车。让学生在小组讨论的基础上，自己动手去复制、去拼接、去比较，找到解决的方法，大大增强了学生的兴趣。

信息技术的课堂不仅要营造好的课堂气氛，还要调动学生的主观能动性，让学生自主探究，与此同时，还要注重对学生综合处理信息能力的培养，强调以学生为主体的信息收集、处理和应用的实践活动，营造宽松、主动、融悦的学习氛围，使学生在快乐中活动，在活动中学习，在学习中创造。例如，在教学《公园乐悠悠——图像的复制》时，整个教学过程的设计中，我始终以一家三口快乐郊游时所看到的、遇到的事作为主线，在学习的过程中努力营造一个平等的学习氛围，让学生愉快地学习，为按时完成教学任务奠定基础。

在小学信息技术课堂学习中，除了提倡自主探究学习外，我还十分提倡小组合作学习，对班上的学生进行异质分组，利用小组的力量，开展有效的学习活动。学习能力比较强的学生在完成自己的学习任务后，可以帮助学习能力较差的学生完成学习任务，学生们都可以借助小组的力量进行学习，大大提高了学习的效率。例如，在教学《公园乐悠悠——图像的复制》完成任务二——"把一人自行车变成三人自行车"时，我先不急于教会学生怎样把自行车变成三人自行车，而是先让学生观察、小组讨论一下，应该把自行车哪部分进行复制，以达到拼装成三人自行车的目的。问题一抛出，课堂气氛一下子活跃起来，学生纷纷发表自己不同的见解，然后，再小组合作，得出一个比较一致的方法，再向全班同学汇报，取得了很好的效果。在练习的时候，学习能力比较强的学生在完成练习后，帮助学习能力较差的学生完成学习任务，这样学习能力较差的学生不再感到迷惘，借助小组内其他同学的力量进行学习，使自己能在最近发展区得到发展。

信息技术课有它的独特性，就是同一个内容可以在不同的班里上，连续上同一内容就会发现每一次都有不尽如人意、需要改进的地方，也由此给了我反思改进的机会，通过不断反思，大大提升了我的教学能力，提高了课堂教学的效率。例如，在第一个班教学《公园乐悠悠——图像的复制》一课时，因考虑学生在前几节课当中已经学过"选定"这一工具，估计学生对"选定"工具的使用应该掌握得很好，因此在这节课上没有设计"选定"工具的学习或复习过程，但在实际操作中，发现有部分学生对这一知识点的回生率还是比较高的，对后续的新知学习造成了一定的阻碍，因此浪费了不少时间，致使后面练习的时间不够。第二个班在讲授新知前，我做了一些调整，引导学生对"选定"工具进行了复习，补充了相对应的练习让学生练习。经过新授课前的练习，学生基本回顾了对"选定"工具的使用，因此，在后面新知的学习当中，并未造成阻碍，学生的学习效率提高了不少。在课堂教学中，通过实践—反思—再实践—再反思这样的方式，我的教学能力得到了很大的提高。

附：个人简介

胡欣华，女，广州市回民小学信息技术教师，信息技术中小学高级教师，中国共产党党员。广东省南粤优秀教师，广东省"爱种子"教学改革行动项目核心团队骨干教师，广州市名教师工作室主持人，广州市优秀教师，广州市第二批基础教育市级骨干教师，越秀区首届基础教育名教师，广州市第十三、十四届特约教研员，市、区信息技术学科中心组成员，高、中职称评委库成员，教师资格证国考面试官。曾被广州市教育局教研室聘为广州市北部山区农村中小学教师信息技术学科带头人专项培训工作室负责人，被越秀区教师进修学校聘为越秀区教坛新秀唯一外聘的研修导师。多次承担各级信息技术公开课和专题讲座任务，均获得一致好评。所撰写的教学设计和教学论文共计发表30多篇，其中5篇教学设计收录在广州市信息技术教师用书，有80多篇分获各级奖项，近年来还主持广东省规划课题"多元文化背景下的民族学校班级文化建设"、广东省教育信息技术课题"基于STEM理念下的小学Scratch拓展资源的开发和应用"和广州市规划课题"小学信息技术课堂'学困生'发展的研究"等课题研究，并以课题组主要成员参与各级各类多个课题的研究。

**他人眼中的我**

学生眼中的我：和蔼可亲，良师益友，知识渊博，讲课有条理，清楚易懂。

同行眼中的我：素质高，业务能力强，做事认真拼命，甘为孺子牛，科研能力强，课堂教学灵动活跃，关心青年教师成长，毫无保留地传授经验。

专家眼中的我：悟性高，文思敏捷，聪明过人，协作能力强。

领导眼中的我：工作兢兢业业，踏踏实实，任劳任怨，业务水平高，教育教学效果显著，科研能力强，逐渐形成个人独特的教学风格。

# 基于核心素养推动小学信息技术教学

核心素养是学生在接受相应学段教育过程中，逐步形成的适应个人终身发展和社会发展需要的必备品格与关键能力，包括文化基础、自主发展、社会参与三个基本方面的内容。在目前的小学课程中，能够把这三大核心素素平衡得比较好的就是信息技术课程了，因此在信息技术课程教学中，注重核心素养培养是一种趋势。在小学信息技术课程教学中，注重核心素养培养，对于学生未来的成长与发展有着极为积极的意义。

# 第一节　信息技术学科核心素养内涵

　　小学信息技术课程的教学目标是培养学生学习计算机的兴趣和意识，使学生能运用所学到的计算机知识解决日常生活中的问题，在学习中学会与他人合作，能在别人的帮忙下熟练运用网络技术和工具来获取信息。学生与他人合作就是学生早期社会参与要素培养，同时，在日新月异的未来社会也要求学生能够尽早接触互联网，学习网络知识。另外，我们也要培养学生学会学习，乐学善学，勤于反思，能独立地进行学习，使学生能更好地自主发展。在课堂教学中，也要注重对学生人文底蕴和科学精神的培养，使学生拥有人文情怀和审美情趣，拥有理性的思维，勇于批判质疑，勇于探究，具备信息意识、计算思维、数字创新能力和信息社会责任。

## 一、信息技术学科核心素养

　　学科核心素养是学科育人价值的集中体现，是学生通过学科学习而逐步形成的正确价值观念、必备品格和关键能力。中小学信息技术学科核心素养包括信息意识、计算思维、数字化学习与创新、信息社会责任四个核心要素。它们是学生在接受信息技术教育过程中逐步达成信息技术知识与技能、过程与方法、情感态度与价值观三维目标的表现。四个核心要素互相支持、互相渗透，共同促进学生信息素养的提升，具体内涵表述如下。

### （一）信息意识

　　信息意识是指客观存在的信息和信息活动在人们头脑中的能动反映，表现为人们对所关心的事或物的信息敏感力、观察力和分析判断能力及对信息的创新能力。信息意识是人们产生信息需求，形成信息动机，进而自觉寻求信息、利用信息、形成信息兴趣的动力和源泉，具体来说，是指对信息敏锐的感受力、判断能力和洞察力。小学阶段具备信息意识的学生在遇到问题时，能自觉、主动地寻求恰当方式获取信息与处理信息，在解决问题的过程中能敏锐感觉到信息的变化，获取相应的信息并分析数据中所承载的信息，对信息做出合理的判断，抽取有效的信息为解决问题提供参考，进而寻找到解决问题的方法及途径。

### （二）计算思维

计算思维是运用计算机科学的基础概念去求解问题、设计系统和理解人类的行为。它是涵盖计算机科学之广度的一系列思维活动，包括了在形成问题解决方案的过程中产生的一系列思维活动，吸取了问题解决所采用的一般数学思维方法。小学阶段具备计算思维的学生，在解决问题的过程中能够利用计算机各种对信息的处理方式，通过判断、分析与综合各种信息资源，运用合理的算法形成解决问题的方案，总结利用计算机解决问题的过程与方法，并迁移到与之相关的其他问题解决中。

### （三）数字化学习与创新

数字化学习是指在教育领域建立互联网平台，学生通过网络进行学习的一种全新学习模式，又称为网络化学习或E-learning。数字化学习与创新是指个体通过评估并选用常见的数字化资源与工具，有效地管理学习过程与学习资源，创造性地解决问题，从而完成学习任务，形成创新作品的能力。信息技术的核心是计算机技术、通信技术和网络技术，数字化学习环境就是一个信息化的学习环境。具备数字化学习与创新的学生，能够认识数字化学习环境的优势和局限性，适应数字化学习环境，养成数字化学习与创新的习惯；掌握数字化学习系统、学习资源与学习工具的操作技能，用于开展自主学习、协同工作、知识分享与创新创造，助力终身学习能力的提高。

### （四）信息社会责任

信息社会责任是指信息社会中的个体在文化修养、道德规范和行为自律等方面应尽的责任。具备信息社会责任的学生，具有一定的信息安全意识与能力，能够遵守信息法律法规，信守信息社会的道德与伦理准则，在现实空间和虚拟空间中遵守公共规范，既能有效维护信息活动中个人的合法权益，又能积极维护他人合法权益和公共信息安全，具有积极学习的态度、理性判断和负责行动的能力。

## 二、核心素养有助于信息技术教育教学使命的实现

当前教育的热点是如何发展学生的核心素养，那信息技术教育教学的使命和目的是什么？学生发展核心素养，主要指学生应具备的、能够适应终身发展和社会发展需要的必备品格和关键能力，突出强调个人修养、社会关爱、家国情怀，更加注重自主发展、合作参与、创新实践，充分反映新时期经济社会发展对人才培养的新要求，全面体现先进的教育思想和教育理念，确保研究成果与时俱进、具有前瞻性。信息素养是网络时代的基本能力，是人们对信息的获取、加工、利用、创造的能力。台湾教育界同行说，不要给学生背不动的书包，要给学生带得走的东西。"背书包"当然不是只有知识，但是带得走的东西就值得我们深思了。北京十一学校校长李希贵说，我们学校的教师教的不是学科，而是教学生。教学内容有学科之分，但教育没有。钟启泉老师认为核心素养作为学校的课程灵魂，不是从一个知识来讲，它是从一个学科或者是相关的多个学科来分析的，将学生作为教学的中心。这些教育家们说的话内容不同，但仔细深想，他们对于核心素养的内涵或本质的理解有很多相通之处。落实学生发展核心素养，需要以课程为依托。信息技术课的课程要求要考虑学生智力发展水平和不同年龄段的认知特点，教学内容安排就要根据当前所具备的条件，进行合理设置，体现各年龄阶段的侧重点，尤其要注重学生利用信息技术对其他课程的学习和帮助。例如，广州市小学信息技术第一册打字教学中，利用打字软件、网络平台对学生进行英文、中文录入的训练，我们可以设计一些英语字母、英语单词、英语句子和语文书后面的生字表作为练习的内容，让学生初步认识到信息技术的帮助作用，能充分利用所学的信息技术，在实用中体现小学生的信息素养，而并非停留在课堂的完成练习上。课堂是学习的开始，并非学习的终点，应该努力为学生创造条件，积极利用信息技术开展各学科教学，培养学生的创新精神和实践能力。

信息技术课程应该突出体现基础性、普及性和发展性，使信息技术教育

面向全体学生，信息技术教材犹如信息技术一样，日新月异，教材每隔几年改版一次，改变的目的当然是与时俱进，把最适合学生的、最先进的技术写入课本，让学生从技术中提炼信息素养，从而在一定程度上灵活运用。小学信息技术是基础学科，为学生开辟了一条新的学习道路，也不再是枯燥的理论学习。

# 第二节　小学信息技术课程核心素养培养策略

中小学信息技术课程的主要任务是培养学生对信息技术的兴趣和意识，让学生了解和掌握信息技术基本知识和技能，了解信息技术的发展及其应用对人类日常生活和科学技术的深远影响。信息技术课程使学生具有获取信息、鉴别信息、传输信息、处理信息和应用信息的能力，教育学生正确认识和理解与信息技术相关的文化、伦理和社会等问题，负责任地、安全地、健康地使用信息技术；培养学生良好的信息素养，把信息技术作为支持终身学习和合作学习的手段，为适应信息社会的学习、工作和生活打下必要的基础。新一轮课改将我国基础教育的总目标落实到"学生发展核心素养"上，具体到各个学科，又细化为学科核心素养。信息技术学科的核心素养包括信息意识、计算思维、数字化学习与创新和信息社会责任四个方面。从个性和共性的角度出发，具体的课堂教学目标分析应以学科核心素养为主，又兼顾总的学生发展核心素养，只有这样，才能使学生具备适应终身发展和社会发展需要的必备品格和关键能力。

## 一、善于引导培养信息意识

信息意识，指的就是个人对信息的敏感程度和对信息价值的判断力、洞察力。在小学阶段培养学生的信息意识尤为重要，小学生由于年龄特点，注意力难以保持较长的时间，形象思维丰富，抽象思维不足。我们在课堂教学中需要通过情境教学策略来培养学生的信息意识。课前，教师根据所上课型及内容设计创设生动的导入情境、问题情境等，激发学生对信息技术的学习兴趣，进而实现这一目标。因此，教师在进行知识的传授时，要善于列举生活中的典型例子，让学生在创设的情境中将知识潜移默化。创设一个容易理解的情境来进行有效的教学，有助于学生信息意识的培养。

### （一）培养学生对信息的敏感程度和对信息价值的判断能力

培养学生具备较强的信息意识，能够根据问题解决的需要，有意识地、积极地寻求合适的方式获取与处理信息，能敏锐感觉到信息的变化，获取相关有价值的信息，采用有效策略对信息来源是否可靠、内容是否准确做出初步判断，对信息可能产生的后果进行初步分析，为解决问题提供参考。在合作解决问题的过程中，积极与学习伙伴或小组成员分享信息，实现信息共享的最大价值。

### （二）激发学生的学习兴趣是培养学生信息意识和信息能力的重要手段

小学生积极学习的主要动机来源于他们强烈的求知欲和好奇心。有效提升学生的内驱力，兴趣越高，学习动机越强，学习效果越好。课堂教学实践证明，学生只有对所学的知识产生浓厚的兴趣，才能喜欢学习、善于学习。因此，我们在设计课堂教学时应重视信息技术的趣味性，激发、培养学生对信息技术的学习兴趣，让趣味贯穿整节课，贯穿整个小学的学习阶段。在日常课堂教学中，教师必须尽量挖掘教材中的有利因素，多找一些符合小学生年龄特点并与教学内容相关的动画片片段、卡通图片、童话故事等素材进行课堂的导入，以展示信息课堂非凡的魅力，要善于利用小学生的求知欲和好玩好动的特点，巧妙地设计问题，创设悬念，营造良好的学习氛围，激发小学生的信息意识。例如，在小学信息技术课程中的"介绍电脑基本知识"一课，在教学设计中利用小学生好玩的天性，使用电脑系统自带的一些小游戏引入新课，以展示电脑的常见娱乐功能，让学生亲自实践和体会，从而激发学生对电脑操作知识浓厚的学习兴趣。又如，在三年级"鼠标操作学习"的课程中，教师仅仅进行简单的演示，告诉学生鼠标左键和右键的操作特点，而后要求学生练习"纸牌"和"扫雷"游戏，给予学生充分的时间练习和实践，结果班上的大多数学生都找到了其中的一些游戏小诀窍，对鼠标左右键操作也更加熟练了，这样教师再进行小结并表扬这些学生，这些学生为自己成功获得了知识感到欣喜和自豪。

## 二、丰富课堂教学内容提升计算思维

计算思维是一种思维过程，人用计算思维来控制计算设备，从而更高效、快速地完成单纯依靠人力无法完成的任务。简单来讲，就是人将一个复杂的问题，通过思维方式分解成可操作的步骤，再进行优化和解决。在小学阶段培养计算思维可以帮助学生解决生活、学习中所遇到的问题，那么，如何在小学信息技术学科中培养学生的计算思维呢？我们首先要培养学生通过观察发现问题、找出问题的能力，找出有价值的问题，然后再寻找解决问题的方法和途径。解决问题的途径有很多种，学生能将问题转化为数学思维，能够将具体的问题抽象化，分解成可行的步骤这一点非常关键。教师在信息技术课中可以通过流程图和思维导图等工具来帮助学生认识计算思维。最后教师可以通过启发学生、学生作品展示等方法来教会学生优化问题，使学生善于将已掌握的知识或技能迁移到解决其他问题中。

### （一）在课堂教学中培养学生的计算思维

在小学课堂中，教师在传授知识的同时，更重要的是培养学生的学科核心素养里的计算思维，帮助学生学习信息技术相关知识技能。在日常的课堂教学中教师应详细分析每个知识点，从学习目标和核心素养的思维模式两方面进行全方位的考虑，在教授知识点的同时着力培养学生的计算思维。例如，教学"Excel制作表格"时，在教学本课知识点前，教师可以先让学生列举一些日常学习生活中用过的或者见过的表格，并进行简单分类，对表格的结构进行分析，培养学生分析表格需求的意识，接着以学校最常用的课程表为例，引导学生思考分析表格的构成（几行几列），然后让学生尝试用Excel软件表格菜单插入自己设计的表格，最后对照成品课程表，思考并尝试怎样合并部分单元格和插入新的行或列。这一系列学习过程能够帮助学生掌握Excel软件，完成对整体课程的理解学习。

### （二）在程序设计课程中注重培养计算思维

广东省颁布的《广东省义务教育信息技术课程纲要（试行）》明确规定，"计算机程序的简单应用"是小学教学内容的一个模块，让学生认识一种有趣易学的计算机程序语言及其简单应用，体验用计算机程序语言编写、调试、运行程序的过程和方法。在程序课程教学中要有意识地渗透算法的概念，而算法在信息技术课程中对分析问题、解决问题有举足轻重的作用，算法也是计算思维的核心内容之一。根据小学生的年龄特点，近年来，广州市也把以Scratch软件为主的可视化编程课程纳入了教材当中，Scratch课程教学有效培育了小学生计算思维。例如，在编写程序之前，指导学生先编写程序流程图，再引导学生根据编写好的流程图找出对应的程序积木块，最后编写出程序图，学生再根据程序图调用程序所需积木块。在执行程序的过程中，不断地根据实现的效果，调整、完善程序，达到自己满意的效果。

## 三、数字化学习与创新能力的提升

数字化学习与创新是指学生能自主选择常见的数字化资源和工具，进行有效学习，创造性地分析问题、解决问题，完成学习任务，创作创新作品的能力。具备数字化学习能力的学生能够认识到数字化学习环境不仅有优势也有局限性，能根据其优劣选用合适的数字化学习工具进行自主学习、知识分享与作品创新。

### （一）数字化学习和创新能力需要合作

数字化学习和创新能力是学生对信息的敏感程度以及对信息价值判断力综合能力的一个体现。如何在教育教学活动中培养学生这方面的能力呢？这就需要教师在开展信息技术教学活动的过程中，根据不同的课型采用不同的学习模式来进行教学。例如，现在流行的"学习共同体"学习模式，学习者（群体）与助学者（教师、专家、辅助者）共同构成一个学习团体，在共同的学习目标下，在一定的支持环境中共同学习，分享学习资源，交流学习心得，共同完成一定的学习任务。在课堂教学中要打破传统课堂学习中，学生遇到困难得不到帮助的局面，使学生通过老师、学习伙伴的帮助能及时解决困难，保障学习进程顺利展开。

### （二）数字化学习和创新能力需要交流

数字化学习和创新能力需要交流，交流才能进步。在当代社会，交流才是促进学习和创新发展的关键因素。例如，教学在"WPS文档中的插入图片"时，在讲授完新课后，让学生在规定的时间里按要求充分发挥想象力和创造力，用心制作一张电子贺卡。首先，先让学生思考一下自己的电子贺卡如何设计，并在脑海中初步勾勒出贺卡的雏形，然后与学习伙伴一起分享自己的构想，以此来鼓励他们积极思考，形成一种探索创新的精神。接着，学生们在课堂上大胆分享自己的作品，对别人的作品进行评价，大部分学生能用艺术字书写标题和问候语，能用美丽的图片做背景，把文字和图片进行合理的排版，个别学生还用上页面边框，使贺卡更加具有美感，培养了学生的创新能力。

## 四、信息社会责任感的培养

培养信息社会责任感是指培养学生在信息社会中的文化修养、道德规范和行为自律等方面的责任。具备信息社会责任感的学生遵守信息法律法规和信息社会伦理道德，会增强防范意识，会判断不良信息，具备知识产权保护意识，尊重他人的信息作品，获取、分享他人信息时注意记录信息来源，合理使用信息技术，养成绿色、健康的数字化生活习惯，正确看待新技术、新媒体对信息社会产生的影响。教师要引导学生增强社会责任感，践行社会主义核心价值观，追求国家价值目标、社会价值取向和个人价值准则的有机统一。

培养小学生的信息社会责任，在教学中要践行以下三大方面。

（一）学习与思考

网络由于其虚拟性的特性，充满着各种各样的信息，学生在这虚拟的世界中只有具备一定的信息技术水平，才能更好地识别、判断，才不会轻易被不法分子欺骗或煽动等。当前处于自媒体时代，这种媒介基础凭借其交互性、自主性的特征，使得新闻自由度明显提高，传媒生态发生了革命性转变。作为新时代的学生，对于网上夸张的言论，在没有办法确定言论真实性的情况之下，不能随意相信，更不能随意传播，应该向学校或者家长求证消息的真实性后再做进一步处理。教师要引导学生正视信息技术为人类社会带来的机遇和风险，使学生养成健康规范的行为习惯，履行个人在信息系统中的责任和义务，成长为有效的技术使用者、创新的技术设计者；积极、有效、负责任地参与到社会共同体中，成为数字化时代的合格公民。

## （二）信息安全防范

在日常生活中，我们要时时处处教育学生注意个人信息安全，不随意在网络上向陌生人透露自己的真实个人信息，尽量不让不法分子有利用的机会，加强对自身的保护。除了自身信息要注意保密之外，对于家人、朋友等人的信息，也要注意保密，不要随意透露，并且也不随便使用别人的个人信息。在使用别人信息作品，获取、分享他人信息时注意记录信息来源、作者等信息，不盗用他人作品，提升社会责任感。

## （三）互联网行为自律

网络行为不仅仅依赖于外在约束，即他律，还依赖于个体自觉自愿的践行。马克思也曾说过"道德的基础是人类精神的自律"，由此可见自律作用的重要性。在网络社会中，学生缺少他人的干预、管理和控制，因此，要倡导网络行为的自律。而自律主要表现为自律意识和自觉行为，学生要充分发挥自我教育、自我管理和自我服务功能，也就是强化自律意识。小学生自身的认知水平还未成熟，自律性会比较差，道德水平也处于不断上升的阶段，完全靠他们的自律并不能达到良好的效果，这时，他律的出现则弥补了以上不足。因此，家长和教师都必须不断提醒学生对自己的网络行为进行自律。

综上所述，培养学生的核心素养首先要培养学生获取信息、分析判断信息和利用信息的意识，以及对信息的关注度和敏感度，其次要使学生具有用信息技术解决问题的思维能力，再次学生应能通过数字化资源和工具，创造性地解决学习中遇到的问题，进而形成创新作品，最后在文化修养、行为规范和道德自律等方面必须有社会责任感。这四个方面相互联系，缺一不可。信息技术能力的前提是信息意识，核心内容是计算思维、数字化学习与创新素养，规范和保障个人信息是每一个学生应尽的责任，四个方面相辅相成、相得益彰。培养小学生信息技术学科的核心素养对信息教师来说是一项长期的任务，如何更好地培养学生学科核心素养，还有待我们去探究和实践。

# 第三节 小学信息技术课程
# 核心素养教学方法

小学信息技术的教育任务提出培养学生良好的信息素养，把信息技术作为支持终身学习和合作学习的手段。了解信息技术核心素养对于学生的重要性是远远不够的，还需要教学创新的有力支撑，让学生充分享受创新课堂带来的优势。在尊重学生认知水平的基础上有所发展，只有这样才能够真正提升学生学习的有效性，让学生的信息技术素养再一次得到升华。

## 一、更新教育教学观念

教育创新，首先要更新教师的教学观念。作为一线教师，需要经常参加学习、培训以此来提高自身的素质，不断更新自身的教育观念，激发学生的学习兴趣，培养学生的求知欲望，从学生的角度出发，用学生的眼光研究教学方法和学习方法，让自己的课堂变得更加生动活泼，让学生在快乐中学习，调动学生的积极性。教师的教育教学观念与时俱进，才能更好地培养学生的创新思维。尤其是信息技术教师，在信息技术这门迅速发展和变化的课程教学中，如果不能及时更新教育教学观念，就会缺乏创造力，跟不上时代，从而使教学效果难以保证。

小学信息技术课程教学，注重培养学生的实践能力，让他们能够应用信息思维来解决现实问题。例如，学生在学习Scratch编程后，自己编写一个数字故事来介绍广府文化，能够上网搜集广府文化的相关资料和画出数字故事流程图，并能根据流程图编写出数字故事的程序，能在调试的过程中不断优化编程，这就是一种很好的发展创新意识的模式。信息技术课程教育，不要拘泥和局限于知识的学习，可以鼓励学生接触比较新的知识，尤其是一些家长本身拥有较好的信息技术能力，教师可以通过加强家校合作的方式来培养学生的核心素养。

## 二、创新导学激活兴趣

小学生对新鲜有趣的事情充满了好奇和兴趣，因此作为信息技术教师，我在课堂上充分利用信息技术让课堂变得生动有趣。备课时，在网上收集一些素材，如图片、视频、动画等，将其制作成课件进行展示，让学生多感官参与学习，营造一个良好的学习氛围。

根据信息技术课的特点，我在课上经常会把一些有关信息方面的最新动态及时讲给学生听，让学生产生新鲜感，拉近学生与信息技术的距离。在介绍计算机硬件的时候，我会将实物展示给学生，同时利用多媒体广播平台，让学生进行示范操作，以更进一步认识计算机的硬件、软件知识。在课堂教学中我还经常通过与教学相关的小游戏练习来调动学生的学习积极性，让学生边玩边练习，充分享受到学习的乐趣。

在信息技术教学中，如果课堂缺少创新很容易导致学生不注意听讲，影响学习效果。作为信息技术教师，应当从学生的角度去思考学科课程教学活动。通过有效任务的设计，让学生在完成任务的同时掌握技术，进而能够很好地实现教学目标，同时可以循序渐进地培养学生的核心素养。例如，学习在教学"WPS中插入图片"这一课时，以学校特招募小记者们设计以春天为主题的电子小报激趣导入，以直观的景色作品进行对比，激发学生对作品创作的积极性，培养学生的审美情趣。同时在授课过程中注重培养学生热爱大自然的情操，在任务完成后让学生向全班同学展示自己的作品，培养学生的观察能力以及评价能力，激发竞争意识。

## 三、注重专业发展

教学创新是课堂教学的根本保障，也是提升教师专业素质的基本要求。教育教学创新，首先要提升教师自身的专业素养。信息技术更新的速度越来越快，我们要不断学习，丰富信息知识和提高信息技能，不断提高教学质量。信息技术教师应该提高信息获取和处理能力，在课堂和工作中让技术提高我们的工作效率。

在课堂中充分利用网络技术为课堂增色，将手机和电脑连接，利用电子白板的交互式功能，让学生参与到课堂活动中来。同时还可以将各种互联网平台应用到教学当中，更好地为教学服务，要使效果良好就需要教师与时俱进，不断提升信息技术水平。网络直播课堂等平台的使用，不受时间、空间的限制，同时还能和其他学校进行课堂互动，提高了学生的学习兴趣，使课堂更加生动。让学生在丰富多彩的信息技术的环境下成长起来，有利于拓宽其视野，锻炼其能力。

## 四、"生本教育"方式

"生本教育"这一理念（方式）是华南师范大学郭思乐教授提出的，提倡先学后教。信息技术课每周只有一节，上课时间间隔比较长，学生来上课的时候，往往把上周所学的知识忘记得七七八八了。因此，在课前，我设计了"课前小研究"并下发给学生，让学生有充分的时间对上周的知识进行复习，并对这周要学的知识进行预习。学生完成"课前小研究"在上课的时候不会再出现迷茫的现象，有效地提高了课堂教学的效率。例如，由于信息技术课的灵活性，很多课程需要学生拥有账号，如邮箱和QQ，而这些账号大多需要用手机申请或激活，这就要求学生在家提前预习并操作。为了教学能够顺利进行，体现"高效教学"的思想，在课程中我运用"生本教育"这一学习方式。在收发电子邮件的课程中，我将教学要求及简单步骤做成微课，然后下发给学生，让学生在家中注册好邮箱账号，上课时进行收发邮件学习的探究。

学生有了兴趣才会更认真地听讲，课堂中利用导学案，在导学案中加入所需的图片、动画、视频等素材，来充实信息技术课堂教学资源，学生学习兴趣盎然，气氛浓厚。例如，在讲搜索引擎这节课时，利用微课自学的方法，引起学生兴趣，同时形象生动的画面能促进学生掌握知识技能。而在讲使用美图秀秀软件美化图片时，我采用不同的图片进行对比，激发了学生的创作激情，这样就更加事半功倍，再经过一番练习，他们俨然成了一个个美图小高手。

## 五、采用任务驱动方式教学

任务驱动教学法是一种教学方式。任务驱动的教与学的方式，能为学生提供体验实践的情境和感悟问题的情境，围绕任务展开学习，以任务的完成结果检验和总结学习过程等，改变学生的学习状态，使学生主动建构探究、实践、思考、运用、解决高智慧的学习体系。其特点是以任务为主线、教师为主导、学生为主体，改变了以往教师讲、学生听，以教定学的被动教学模式，有利于激发学生的学习兴趣，培养学生分析、解决问题的能力，提高学生自主学习及与他人合作的能力。五六年级的小学生已经掌握一些基础的操作，但是操作能力参差不齐。因此要注意关注整体学生的学习需求，激发学生求知的兴趣，充分调动大家的学习积极性，让每个学生各有所得，提高学生的学习自信心，让学生在亲身体验、不断练习中提高信息素养。例如，在教学《开心游乐场——图像的旋转与翻转》一课时，充分考虑学生现有的认知能力，遵循由浅入深、循序渐进的原则，将知识点分解到几个小任务当中，任务一：完成"跷跷板"；任务二：完成"旋转天地"；任务三："小丑杂技团"表演；综合练习：设计丰富多样的游乐场项目。这样将整节课学习的知识点设计成一个个小任务让学生完成，降低了学习的难度，提高了学习的效率。

## 六、小组合作进行探究

以生生互动、互赖、互助、共享为特征的合作学习的独特之处在于提出差异是一种教学资源，通过人际交往活动来利用和发挥这种教学资源的作用。小组合作探究学习作为一种学习方式，是发挥学生主体能动性的一种有效方法，也是引导学生在自己最近发展区发展的重要途径，可以实现优势互补，有效地提高课堂教学效率，使学生共同活动，以最大限度地促进自己以及他人的学习。学生与学生之间、小组与小组之间可以引入恰当的竞争和评价机制，以调动学生学习的积极性，使学生在小组合作的过程中学会学习，通过合作实现实践创新。例如，在《公园乐悠悠——图像的复制》一课中，教师抛出问题：怎样将花坛里的小花种满？学生们纷纷表示可以用复制命令，接着教师再次抛出问题：复制命令的操作步骤是怎样的？让学生通过小组合作，借助书本、同伴、上机验证等方法找出复制命令的操作步骤。有些小组找出不止一种方法，还有些小组通过讨论实践找出最优的方法。在小组合作学习的过程中，教师要运用多种评价方式，以鼓励性评价语言为主，激励学生探索知识。

## 七、精讲点拨进行引导

教师在课堂教学的过程中扮演着引航人的角色，精心设计问题、任务，能很好地保障学生学习进程的开展，因此，教师在课堂教学中要注重精讲精练，在备课时将课程重点概括为精练的内容，使用精讲的语言展开讲解；学生经过老师的精讲精练，能解决的问题尽量自主解决，最大限度发挥学习的积极性，培养思维能力。例如，在教学《公园乐悠悠——图像的复制》一课时，教师抛出问题：小红和爸爸妈妈在公园游玩，走着走着，他们累了，想骑自行车继续游玩，但小红的年纪太小了，不能单独骑自行车，怎么办呢？问题一抛出，学生们纷纷提出自己的见解，最后一致认为租一辆三人自行车就可以解决问题了。接着，教师出示一人自行车图片，问：那你认为如果要把一人自行车变成三人自行车，应该对哪些部分进行改拼呢？学生们经过讨论，很快就找出答案，增加的部分应该是座位和脚踏板的位置就可以把一人自行车变成三人自行车了。那用什么技术可以增加座位和脚踏板呢？通过教师的精心点拨，在分析了如何从一人自行车变成三人自行车的步骤后，解决任务的方法都明晰地呈现在学生眼前，学生们兴趣盎然地投入到学习当中。

## 八、及时进行教学巩固

由于信息技术学科自身的特点，学生基本上都是通过习得来掌握操作技能。为了更好地提高教育教学质量，应该及时巩固复习课堂上所学的知识，并做拓展演练，培养学生的创新意识和能力。在课堂学习中，学生完成了知识的学习，还要对知识进行巩固，通过练习来巩固课堂上所学的知识。例如，教学《制作国庆节演示文稿》一课时，学生学习了插入艺术字、插入图片、插入表格、插入文本框、插入音频等知识后，教师引导学生对所学的知识点进行梳理，让学生在脑海中形成整体的认知结构。然后，提出要求让学生自己设计国庆节诗歌朗诵的演示文稿，为国庆节诗歌朗诵搭配背景，使学生能将所学的技术运用到日常生活中，培养学生学以致用的能力，提升学生的综合素养。

在学无止境、教无止境的过程中，我们还需要不断地进步，通过教学创新，切实有效地优化课堂教学环节，提高信息技术教学质量，有效培养学生的信息素养。

# 第四节　小学信息技术课程核心素养教学建议与反思

小学阶段正处于基础教育的初级阶段，培养学生的核心素养就显得极为重要。针对小学信息技术教学中如何培养学生的核心素养，我结合自己的教学经验，从课程教学的环节以及一些主要的教学事项角度，给出了一些教学指导建议和反思。希望这些教学建议与教学反思，能够对小学信息技术课程核心素养培养与教学有所启示。

## 一、小学信息技术课程核心素养教学建议

### （一）重视课堂导入环节，激发学生的学习兴趣

在以核心素养为基础的课堂教学中，信息技术教师要重新构建课堂的教学模式，从课堂的导入环节入手，增加课堂导入艺术特性。俗话说，良好的开端是成功的一半。小学生年龄比较小，对一些游戏类的活动比较感兴趣，在课堂的导入环节，教师要进行精心的设计，迅速吸引学生的注意力，让他们从课间游戏活动中迅速回归到课堂上。例如，在广州市小学信息技术第一册教材中，关于"认识键盘"的这一内容，主要是让学生熟悉键盘，为后面的指法学习打下基础。在讲授新知识前，教师可以通过猜谜语的游戏来进行课堂导入，激发学生的学习兴趣。教师可以这样来打迷："有户人家真奇怪，房子区域分四块，有的面积大，有的面积小，有的成员多，有的成员少，别看它们不起眼，少了它们真麻烦。"打一个电脑组件。随即拿出教学课件，学生们回答：键盘。教师说谜底就是键盘，教师从谜面上就暗示了键

盘的重要性与区域分成。这样的课堂导入，从学生好奇、喜欢猜谜语的心理特征出发，充分调动了学生对枯燥的键盘认识学习的兴趣，为后面参与对键盘的初步认识打下了一个良好的基础，实现了课堂伊始良好的教学效果。

### （二）利用小组合作学习，培养学生的信息素养

小学的信息技术课堂教学主要以计算机的上机操作教学为主，除了传授知识外，还要培养学生从小形成一定的信息素养。由于学生的自身特点和学习经历不同，他们之间形成了一定的差异。有的学生早就在父母的熏陶下接触计算机，并具备了一些简单的操作技能，但是有部分学生由于家庭条件不好，甚至都没有见过计算机的样子，加上学生之间对信息技术学习的喜好程度不同，倘若信息技术教师还采用同样的教学方法来进行教学活动，会造成学生之间的差距更大。作为信息技术教师可以根据学生的特点和特长进行异质分组，采用小组合作学习的方式，选择一些计算机能力强的学生作为小组的带头人，对小组的成员进行辅助，促进小组整体学习效果的提升。例如，在教学《电子小板报》一课时，以"新羊城八景"为主题设计一份小板报，当学生了解了一份电子小板报应包含六个要素后，可以引导学生通过小组合作来完成作品。由组长来分工，分派组员找文字资料、找图片资料、设计版面等任务，通过让学生小组合作完成小板报的制作，组员在互帮互助中深入理解了团结合作的意识，有效锻炼了学生的自主学习能力与组织合作能力等综合实践能力，使小学信息技术的课程教学更有深度。

### （三）充分利用教学评价，提升学生的核心素养

教学评价具有导向与激励的功能，对于学生的核心素养与综合素质培养具有十分重要的作用，是课堂教学中不可缺少的重要环节。教师进行科学、有效、合理的教学评价，能够让学生充分认识到自己的实际学习效果和不足之处，并明确努力的方向。教师通过对课堂教学效果的总结能够更加清晰地掌握学生的实际学习进度，有利于在教学评价之后对教学计划做出及时的调整，同时可以有针对性地对学生地不足之处进行补充训练。在教学评价中，评价语言和评价方式则是重中之重，艺术性与技巧性结合的评价语言和多种评价方式能使学生积极主动地参与课堂学习活动，而评价方式也由单一的终结性评价转变为过程性评价。例如，在教学《走进演示文稿》这一课时，教

师不仅要关注学生对进入与退出程序、插入艺术字和剪贴画、插入幻灯片等知识技能的掌握，还要关注学生制作幻灯片的各个环节，提高学生的自学能力、审美能力，使学生能够制作出具有创新色彩的、图文并茂的幻灯片。在这个过程中，教师可以拓展教学评价的主体，鼓励学生根据自身的学习表现来进行自评、他评或是小组之间互评等。

基于核心素养的小学信息技术课堂教学，对新时代的教师提出了新的要求，教师不仅要培养学生对信息技术基础知识与技能的掌握，还要注意培养学生的核心素养。教师可以通过精心的课堂导入环节设计，利用小组合作的方式来培养学生的信息素养，并善于对学生进行合理科学的教学评价，帮助学生提升自身的信息技术核心素养。

## 二、小学信息技术课程核心素养教学反思

### （一）正确处理利与弊的关系

信息技术课堂教学不但要教会学生知识，还要教会学生正确使用信息技术，安全使用信息。特别是在我们的课堂学习和日常生活中，不可避免要接触网络。网络是一把双刃剑，在给我们带来便利的同时也给生活带来了一定的困扰，特别是小学生由于其年龄特点，自制能力较差，网络信息质量参差不齐，对于信息的鉴别尤为重要，对学生进行网络安全教育必不可少，引导学生正确甄别信息的真伪，合理利用网络资源。例如，在教学《网络知多少——网页的浏览》这一课时，在引导学生学习如何利用信息资源的同时，也要提醒学生注意防范现代信息技术带来的危害，尤其是网络的负面作用，如网络病毒攻击信息技术资源库，造成行业系统瘫痪；网络谣言散布影响社会和谐；等等。

### （二）注意发挥榜样作用

榜样教育在"新课程标准"中解释为："是教育者根据教育的目的和受教育者的身心发展特点，选择相应的榜样，启发、引导受教育者模仿、学习榜样。"晋朝傅玄在《太子少傅箴》提出"近朱者赤，近墨者黑"，比喻接近好人会让自己也变好，接近坏人会让自己也变坏。从这句话中不难看出，榜样是有一定力量的，能潜移默化地影响孩子的世界观和人生观。小学生具

备很强的模仿能力，他们喜欢学习身边大众或伙伴的语言和行为，身边人的行为对小学生有很大影响。在课堂教学中教师应充分利用小学生模仿能力强这个特征，在教学过程中多树立榜样，让学生有样学样。例如，由于学生的年龄特点，他们在课堂上有坐不住的现象，这时，教师就要树立榜样，表扬那些能坐好的学生，让那些蠢蠢欲动的学生接收到信息：如果自己能坐好，也会受到老师的表扬。又如，当完成练习后，教师请学生上台展示自己的作品或操作，台下的学生会不自觉地集中注意力看台上同学的作品或操作，再和自己的作品或操对比，学习别人的优点，改进自己的不足。

信息技术的快速发展，使得生活节奏加快，社会大步前进。在信息技术快速发展的同时，教育的发展也有了很大的提升，信息技术课越来越受到小学课程的青睐。无论是对学生现阶段学习活动的开展，还是对学生日后的全方位发展，信息技术课都发挥着关键性作用。在学生学习的过程中，对他们核心素养的培养也尤为重要，本文通过介绍信息技术课对小学生产生的一些影响，对如何利用信息技术课来提高小学生的综合素养展开介绍，这对于未来教育中的人才培养有着很重要的指导意义。

附：

## 《开心游乐场——图像的旋转与翻转》教学设计

广州市回民小学　胡欣华

### 一、教学内容分析

《开心游乐场——图像的旋转与翻转》是广州市信息技术教科书小学第一册第二单元第13课的内容，主要学习内容是图像的翻转和旋转，包括水平翻转、垂直翻转和按一定角度旋转（90°、180°和270°）。本课是图像移动和复制学习后的内容，它的学习有利于提升学生计算机辅助绘画的应用水平，为后面的综合运用创作提供了重要的技术储备。

### 二、教学对象分析

本课的教学对象为四年级学生，学生对计算机学习兴趣盎然，经过前面的学习，学生已经掌握Windows的基本操作，能够启动画图软件，打开、保存画图文件，能使用绘画工具表达信息，能够在画图软件中利用移动、复制等操作编辑处理图像。

三、教学重难点

教学重点：图像翻转与旋转的操作方法。

教学难点：水平翻转和垂直翻转以及90°、180°、270°旋转的区分。

四、教学目标

（一）知识与技能

（1）会使用"翻转与旋转"命令旋转图像。

（2）会使用"翻转与旋转"命令翻转图像。

（3）了解90°旋转、180°旋转、270°旋转、水平翻转、垂直翻转在效果上的差异。

（二）过程与方法

通过看教材自学、上机实践、小组共学互教解决画图作品中存在的问题，掌握图像翻转与旋转的方法。

（三）情感态度与价值观

增强热爱生活、利用画图软件表达信息的意识；体验画图中翻转与旋转功能的技术特点和优势，感受利用画图软件设计游乐场的乐趣。

五、教学策略

本课采取任务驱动教学法和范例教学法，以学生去游乐场的活动为主线，共设计了三个层次的任务。基础任务1：翘翘板——翻转的基本操作，基础任务2："旋转天地"，解决旋转的基本操作，学习新知；巩固任务："杂技表演"，进一步巩固强化新知，强化教学重点，突破教学难点；拓展任务："设计游乐场"，将本课学习的知识技能综合运用到实践中，学以致用，进行个性化创作。学生可以通过教材和学案自学，也可以通过上机实践、小组互助互学、问老师等方法进行学习。为此本课设计了"复习引入—新授知识—巩固新知—综合应用—全课总结"五个环节展开教学。

六、教学媒体

多媒体计算机、教学平台、课件、练习素材

七、教学过程（表2-4-1）

表2-4-1　教学过程

| | 教师活动 | 学生活动 | 设计意图 |
|---|---|---|---|
| 复习引入 | 课件展示：学生在游乐场的照片。<br>情境：同学们去了游乐场后，用画图软件把游乐场画了下来，展示游乐场图画。<br><br>提问：你们觉得这幅画如何？<br>板书课题：开心游乐场 | 听讲<br><br>观察、思考<br><br><br>回答<br>提出问题<br>听讲 | 从学生的亲身经历引入学习活动，激发学生的学习兴趣和自觉性，唤起学生开心愉快的生活回忆，增强学生热爱生活的意识。培养学生善于观察与发现问题的能力 |
| 新授知识 | 任务一：跷跷板。<br><br>1.思考：一个同学玩跷跷板，安全吗？<br>2.那应该如何解决呢？<br><br>3.从哪里可以找到同学和这位同学一起玩跷跷板呢？<br>4.如何把这位同学从素材小仓库移到开心游乐场文件里呢？<br><br>5.底色覆盖了跷跷板，那怎么办呢？<br>6.如果我们操作出现错误还可以用我们的好朋友——<br>7.出示画图，思考：这样可以吗？<br><br>8.思考：怎么办呢？<br><br>9.对，同学们说得真好，只要两位同学面对面地坐就可以玩跷跷板了。 | 畅所欲言<br>再找一个同学和他一起玩<br>素材小仓库<br><br>复制<br>粘贴<br><br>透明样式<br><br>撤销<br><br>不可以<br>不安全<br><br><br>可以让另一位同学把身子转过来 | |

43

续表

| | 教师活动 | 学生活动 | 设计意图 |
|---|---|---|---|
| | 10.要使两位同学面对面坐，我们可以使用图像的翻转。<br>11.师演示。<br>12.下面大家一起来完成。<br>13.小结归纳图像翻转的方法。 | 认真听<br><br>认真看 | |
| | 任务二：<br>教师示范：打开文件，复制“旋转天地”的小车。<br>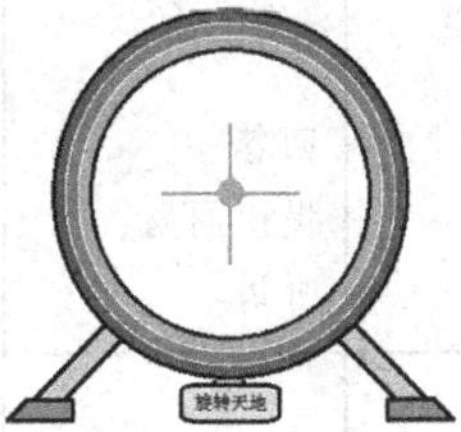<br><br>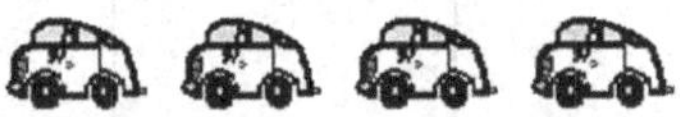<br>归纳复制、粘贴操作方法，提示“撤销”。<br>播放课件，引出问题。 | 观察<br>说出复制、粘贴操作方法<br><br>归纳复制、粘贴操作方法<br><br>提出问题<br>分析问题 | 复习不同文件间图像复制的方法，为后面的活动做铺垫，同时引出新知 |
| 新授知识 | 布置任务一：打开“游乐场”文件，完成“旋转天地”<br>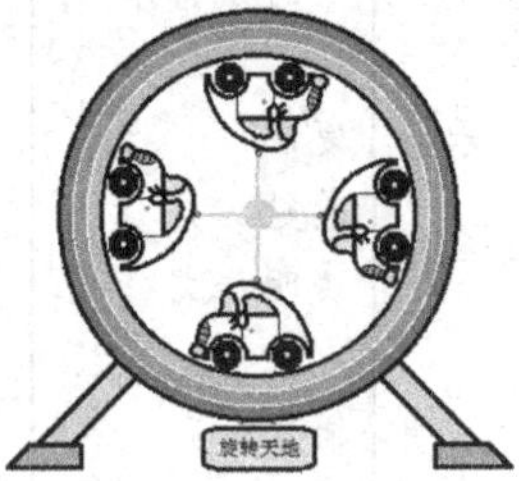<br><br>提示学法：①自学学案；②相互学习；③问老师；④撤销。<br>教师巡视、答疑<br>个别指导<br>点评作品<br>归纳要点<br>板书图像旋转的步骤。<br>旋转图像 → 选定 → “图像” → “翻转/旋转” → “旋转” | 听讲<br><br>明确任务要求<br><br>自学学案<br>上机实践<br>学生讨论<br><br>展示、点评作品<br>讲解完成任务一的操作步骤<br>听讲<br>继续完成任务一 | 突出图像旋转的技术需求，制造认知冲突。<br><br>提供学习支持。培养学生学会学习的能力。重视小组合作交流。<br><br>获得教师指导后，再进行操作验证。<br><br>完成任务 |

| | 教师活动 | 学生活动 | 设计意图 |
|---|---|---|---|
| 巩固新知 | 出示范例<br><br>布置任务二：杂技表演。<br><br>提示学法：①自学学案；②相互学习；③问老师；④撤销。<br>教师巡视、答疑<br>个别指导<br>点评作品<br>归纳要点<br>板书图像翻转的步骤。<br>讲解90°、180°和270°旋转，水平翻转和垂直翻转的区别 | 观察，点评<br>提出问题<br><br>听讲<br>分析、明确任务要求<br><br>自学学案<br>上机实践<br>学生讨论<br><br>展示、点评作品<br>讲解完成任务二的操作步骤<br>听讲 | 通过范例展示，让学生发现问题，提出问题，从而在解决问题的过程中学习图像的翻转及认识90°、180°和270°旋转，水平翻转和垂直翻转。<br><br>帮助学生直观具体地对比出各种翻转与旋转方式的效果差异和特点 |
| 综合应用 | 出示范例<br> | 观察，点评<br>提出问题 | 鼓励学生个性化发展，并且将信息技术运用到生活当中。 |

45

基于核心素养推动小学信息技术教学

第二章

| | 教师活动 | 学生活动 | 设计意图 |
|---|---|---|---|
| 综合应用 | 布置任务三：设计游乐场。<br>要求：<br>（1）巧用所学技术。<br>（2）画面合理、美观。<br>（3）有创意、有特色。<br>提示：利用素材小仓库；修改颜色；其他绘画工具和编辑技术。<br>提示学法：①自学学案；②相互学习；③问老师；④撤销。<br>教师巡视、答疑<br>个别指导 | 观察<br>听讲<br>分析、明确任务要求<br><br><br>自学学案<br>上机实践<br>相互讨论<br>保存文件 | 熟练运用所学技术进行绘画创作。<br>给学生提供互相学习、互相提意见的机会。形成小组合作学习意识 |
| 小结提升 | 点评学生作品。<br><br>小结：根据板书归纳，突出重难点<br><br>拓展提升 | 展示、点评作品<br>听讲<br>自我评价<br>梳理知识 | 培养学生的评价意识。<br>肯定学生的表现。<br>帮助学生梳理知识，加深记忆。<br>启发学生将所学知识应用到更多的领域中，开阔视野 |

板书：

开心游乐场——图像的旋转与翻转

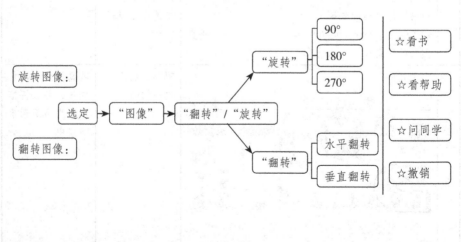

## 《开心游乐场——图像的翻转与旋转》教学反思

本课是广州市信息技术教科书小学第一册第二单元第13课《开心游乐场——图像的旋转与翻转》，其主要内容是图像的翻转和旋转，主要包括水平翻转、垂直翻转和按一定角度旋转（90°、180°和270°）。本课是图像编辑操作的第3节课，是继图像的移动和复制之后进一步深化的图像编辑技术，它的学习有利于提升学生计算机辅助绘画的应用水平，为后面的综合运用创作提供了重要的技术储备。本课的教学重点：图像翻转与旋转的操作方法。教学难点：水平翻转和垂直翻转以及90°、180°、270°旋转的区分。

在设计本课的时候，我就设想以学生自主探究为主，为学生设置一个个小难题，让学生主动去探究，为学生提供一个自主探索的空间，使学生在学习中主动探究，而不是被动接收。由于学生的年龄还比较小，因此，我创设了一个他们十分喜爱的主题——到游乐场去玩，调动学生的学习积极性，让学生感觉这节课不需要辛苦地学习，而是在玩，使学生在玩的过程中掌握相应的知识。小学信息技术教学不是要教给学生多少知识，而是要教给学生学习的方法，培养学生良好的信息素养。

本节课教学所使用的素材以小学生喜爱的游乐场游玩为主题，在学习每个知识点的时候，我都从问题入手，让学生通过小组合作、互帮互助去完成一些有梯度的任务，从而达到完成教学任务的目的。

本节课的教学重点不但是掌握翻转与旋转的操作技巧，同时还要让学生深刻理解水平翻转、垂直翻转和按角度旋转之间的相互联系，它们不但操作过程很相近，而且一些操作效果也是相同的，让学生了解相同的效果可以使用不同的方法进行操作，强化了学生的对所学知识的理性理解。从教学效果来看，达到了预期的效果，学生拿到一个图像后，清楚地知道自己该选择哪种操作来完成自己的作品。

另外，在教学过程中，我注重学生的操作演示和讲解，这不但给学生提供了展示自我的机会，同时让学生边演示边解说，可以规范学生对信息技术教学术语的使用，加深了他们对知识的理解与掌握。

信息技术课程在小学普及的目的是培养学生对信息技术的兴趣和意识，让学生了解和掌握信息技术基本知识和技能，了解信息技术的发展及其应用对人类日常生活和科学技术的深刻影响，使学生具有获取信息、传输信息、处理信息和应用信息的能力，教育学生正确认识和理解与信息技术相关的文化、伦理和社会等问题，负责任地使用信息技术，培养学生良好的信息素养，把信息技术作为扶持终身学习和合作学习的手段，为适应信息社会的学习、工作和生活打下必要的基础。信息技术学科不仅仅要培养身体运动智能，更应该考虑身体运动智能和其他智能的结合，从而提升学生的多种智能，促进学生发展。在信息技术教学中，应将八种智能结合信息技术教学活动，建构适合信息技术的教学多维结构系统。此外，多元智能教学理论，对于"培优补差"也有现实的指导意义，优等生需要多维度发展，学困生补差也可以从优势智能领域入手。

多元智能视域下小学
信息技术教学

# 第一节　多元智能理论内容与意义

　　加德纳提出的多元智能理论完美地契合了现代教育的关注点，将该理论与小学信息技术教学相结合，有利于提升学生各方面能力，符合素质教育的新要求。在教学中应锻炼学生发现问题、解决问题的能力和创新能力，培养学生良好的信息素养，把信息技术作为支持终身学习和合作学习的重要手段，考虑学生间的个体差异，强调发挥人的优势智能，挖掘出学生的强项，为以后的学习和生活铺设桥梁，因此改善传统课程教学设计势在必行。而教学设计的编写是信息技术课程教学中不可缺少的环节，将多元智能理论与教学设计相结合，优化课程体系，激发学生多种智能，为培养与时代要求相符合的高素质、高创新人才打好坚实的基础。

　　1983年美国心理学家霍德华·加德纳在其《智能的结构》一书中提出多元智能理论，他否定了人的智能单一的传统观点。只需要用智力测验题目就可以测量出智商的高低，所以"智商越高，人就越聪明；而智商越低，人就越笨"这样的观点深入人心。但是在多元智能理论看来，人类的思维和认知方式是多元的，每个人都有自己的个性特点、认知范畴以及优势能力，这说明不同智能在每个人身上的组合方式不尽相同，"事实上几乎具有任何程度的文化背景的人，都需要运用多种智能的组合来解决问题"，只是在解决问题中体现出能力的高低。

　　加德纳在《智能的结构》一书中还提出人的智能可大致分为八大范畴，分别是言语智能、数理逻辑智能、空间智能、身体运动智能、音乐智能、人际交往智能、自我内省智能和自然观察智能。

## 一、主要智力类型

### （一）言语智能

言语智能指在口头语言表达能力或写作时有效运用文字的能力，也常常表现在听、说、读、写各个方面，拥有较强的言语能力可以有效运用其阐述自己的观点，流畅地与人交流。言语智能发达的人常常对口头或者书面语言更为敏感，更轻松地理解语言的复杂表现形式，如语法、暗喻等，这种智能优势在演说家、作家、律师等职业上表现更为明显。

### （二）数理逻辑智能

数理逻辑智能是指进行运算和推理的能力，在从事与数字有关工作时这种能力是必须具备的，这类工作人群喜欢靠推理来思考，分析问题有逻辑层次，能更高效地解决问题，对事物之间的关系往往更加敏感。所以科学家、数学家、逻辑学家、会计师等职业都拥有较强的数理逻辑智能。

### （三）空间智能

空间智能常常指人对色彩、线条、形状、形式、空间及它们之间关系的敏感性很高，感受、辨别、记忆、改变物体的空间关系并借此表达思想和情感的能力比较强，表现为对线条、形状、结构、色彩和空间关系的敏感以及通过平面图形和立体造型将它们表现出来的能力，能准确地感觉视觉空间，并把所知觉到的表现出来。这类人在学习时是用意象及图像来思考的。这种能力更是画家、建筑师职业工作中的必备能力。

### （四）身体运动智能

身体运动智能就是可以通过身体或者身体的某一部分来表达自己内心的想法、情感或者运用双手制造和加工物体的能力。身体运动智能高的人主要是用身体进行思考，在学习舞蹈等肢体动作时，比常人学习速度快、效率高、准确率高，如国家运动员身体运动智能较常人高，从而表现出较强的运动天赋；成功的手术医生也具有精准操作肢体的技能。

### （五）音乐智能

音乐智能主要表现为人敏感地感知音调、旋律、节奏和音色等的能力，表现为个人对音乐节奏、音调、音色和旋律的敏感以及通过作曲、演奏和歌唱等表达音乐的能力。这种音乐智能在音乐家、歌手、作曲家身上显得较为突出。

### （六）人际交往智能

人际交往智能指与人接触并且交往的能力，对他人的言语进行及时的观察，体察人物情绪反应、目的想法、意志倾向并且进行适当反应的能力。人际交往智能在各种职业工作过程中都是必不可少的能力之一，人际交往智能占优势的人往往能抓住对方说话的重点，快速做出合理的反应，使交谈过程轻松，容易达到对话的目的。

### （七）自我内省智能

自我内省智能是指认识到自己的能力，正确把握自己的长处和短处，把握自己的情绪、意向、动机、欲望，对自己的生活有规划，能自尊、自律，会吸收他人的长处，会从各种回馈中了解自己的优劣，常静思以规划自己的人生目标，爱独处，以深入自我的方式来思考，喜欢独立工作，有自我选择的空间。心理学家、哲学家都具有高度的自我自省智能。

### （八）自然观察智能

自然观察智能是加德纳于1995年在原有七种智能的基础上提出的一项新智能。它指对周围的自然环境能够进行准确分类和利用的一种能力。自然观察智能优异的人更喜欢户外作业，观察动植物的生长特点、规律，对自然界的动植物保持勇于探索的好奇心。这种智能在动植物学家、生态学家身上有着明显的体现。

## 二、多元智能理论为教学带来的积极意义

### （一）注重学生间的个体差异，激发学生的内在潜能

每个个体出生都带有属于自己的独有基因，也就是遗传气质，在不同家庭环境中成长的个体拥有不同方面的能力和特点。正如多元智能理论的观点，每个个体身上不是只具有一种智能，而是具有相对独立的八种智能。但是个体作为一个整体与生活发生反应时，又是八种智能共同作用的结果，只不过每种智能在人身上都有着不同程度的组合，最终体现人独特的一面。所以教师在教学过程中要充分尊重学生之间的个体差异，因材施教，灵活地改

变教学方式，最大限度地挖掘学生的内在潜能，根据学生的特点调动学生的积极性，促进个体健康生长。

### （二）多维看待学生智能，促进学生全面发展

多元智能理论是在批判传统智能观点的基础上提出来的，传统观点认为个体仅拥有一两个外在智能，原因是个体在对待某些问题时仅仅用个体认为最娴熟的方式去解决，此种解决方法也仅仅体现个体某一方面的能力。但是受生活环境和教育环境的影响，个体可能表现出内在的潜力，这就印证了加德纳所说的学生具有的智能是多维的，并不是一成不变的。所以教师在看待学生智能问题时就要从多维的角度去分析，在教学过程中通过不同方式让每个学生学习到更全面的知识，最大限度地促进学生的全面发展。

### （三）释放学生的优势智能，促进学生个性发展

加德纳认为八种智能在个体身上是以不同方式组合的，那就有着优势智能和劣势智能之分，他承认每个人都是对社会有用的人，如果加以培养，不仅可以更好地适应社会对人才的要求，还能让个体拥有更好的生活。为了实现这一目标，教师在教学过程中要着重了解每个个体的特长，关注差异，促进学生发展这方面的优势。在信息技术教学过程中可以了解学生的动手操作能力和逻辑思维能力的差异，对学生进行关注培养，使学生的潜能充分发展，这也是教学的根本任务。

# 第二节 多元智能理论指导下小学信息技术教学设计

## 一、多元化地制定教学目标

多元智能理论的核心观点就是强调人本身具有多种智能，但每个学生的智能组合方式有很大的不同。从大量的调查数据中我们能够清楚地看到，学生之间在某些智能方面是存在很大差异的，这就决定了教师必须根据学生的实际情况来设计有核梯度的教学目标。教学目标是在教学大纲的指导下展开的，它是对于大纲要求的概括表达，教师要具体根据学生的整体特点和能力进行课时目标的制定，并且针对个别学生的智能差异来制定有梯度、多元的教学目标，力求使全体学生在发展自己各项技能的基础上，着重发展自己的优势智能，从而达到学生个性的发展。

教学目标的制定，直接影响教学设计及课堂教学的过程，如何设计多维教学目标，需要教师们主要思考两个方面：一是分析教学目标体现在哪些智能方面，二是分析同一目标如何用体现不同种智能的方式描述出来。前者是根据教学大纲制定三维教学目标，包括知识与技能、过程与方法、情感态度与价值观，通过多元地描述教学目标，使学生可以参照目标，对教学内容进行习得掌握，在目标的设计上有所分层，让智能优势各不相同的学生选择不同的学习和练习强度，提高自己的综合素养和操作技能。因此，教师在设计教学目标时，应充分考虑到目标的达成会提升学生的哪些技能或能力。教学目标的制定不单单是为多元智能理论而设计，要根据教学内容、学情等对学生的实际情况进行调整和扩充。

## 二、多角度地分析学习者

学生是教学的主体，在传统教育中教师认为相同年龄学生的发展大致相同，智能发展情况也大同小异，所以教师在课堂教学中基本采用相同的教学资源，教授同样的知识技能，但这样就会导致班级内学生掌握程度不同，出现层次差异。因此，在对学习者进行分析时，教师在接触学生的过程中应该了解学生的家庭、朋友关系、兴趣偏爱、思维方式等，这些因素都是学生发展多元智能的基础。只有多角度观察学生，了解学生的各种智能发展情况，才能"对症下药"，促进学生发展。因此，在撰写教学设计之前，教师应针对教学目标、教学内容，对学习者的年龄和学习特征进行分析，设计教学实施的过程，选择更好的教学方式展开教学，保障课堂教学的顺利开展，提高课堂的教学效率。

## 三、灵活地选择教学内容

### （一）以课程指导纲要为基准，注重学科的融合

信息技术作为一门工具课，在小学学习生涯中占有重要的地位，它是生活和学习的辅助工具，对于信息素养的培养和技能的培训起了很好的铺垫作用。小学生都有活泼好动、好奇心强的特点，对于新事物的接受能力快，信息技术的学习能很快引起学生们的注意。小学的课程标准要求在课堂中要激发学生兴趣，使学生保持良好的学习动机，在应用技能方面需要学生掌握常用工具和软件的技能，在信息素养上需要形成信息意识，培养学生使用信息技术解决问题的能力并且在学习过程中形成敢于创新的精神。这些目标都需要在小学阶段完成，这不仅是对于知识的学习，更重要的是素养的提升。

多元智能理论指出人的智能是由多种智能组成的。在课堂教学中，教学内容除了要传授本学科的知识外，还可以与其他学科相结合，使教学内容更为丰富、有趣，以此加深信息技术在学科学习中的价值理解，推动信息技术与学科之间的整合，实现学生多种智能的发展。

### （二）尊重差异，适度调整授课内容

德国哲学家莱布尼茨说过："世界上没有两片完全相同的树叶。"这句话也正好印证了学生也是千差万别的，每个人的智能都具有多维性、开放性和个别差异性的特征，不同的环境造成了学生在智力、体力、能力方面的不同。知识是提高人的智能的工具，相同的知识对于学生的影响不同，学生接受的程度也不相同，教师在教学中应根据每个学生的特点因材施教。在课堂教学中，我们应该由现象看到本质，应考虑学生的智能差异，应根据学生的反应适时调整教学进程，调整教学内容的难易，让不同层次的学生都能掌握授课的内容。

帮助学生构建起完整的认知结构，厘清教学内容的内在逻辑关系，在课堂教学中尤为重要，对于教学内容的灵活处理能更好地提升学生智能的需求。在日常教学中，注意不要受到传统表征方式的影响，强调知识的体系和逻辑性，将学生的问题和创新思考强加到预设的逻辑中，而应该注意与动作、音乐、空间等构建联系。这样就不仅限于对言语智能和数量逻辑智能的提升，对于其他智能也有不同程度的强调，同时课程内容应该给学生呈现多元表征方法，如语义表征、情节表征、动作表征、音乐表征、影像表征等，以最大限度地开发学习者的智能。

## 四、多元化地设计教学策略

### （一）提升言语智能的教学策略

言语作为一种交流方式，贯穿课堂的始终，师生通过言语交流学习知识。言语智能主要通过听、说、读、写四个方面表现出来。在信息技术课堂教学中，由于学生的技能是通过习得而来的，因此，动手操作往往占据课堂的大部分时间。信息技术课程教学目标的落实，其根本点就是提高学生对信息技术的兴趣，引导学生掌握一些动手操作技能，发展创造性思维和提升信息意识。小学生对于新事物好奇的特点，导致学生在学习过程中将注意力完全放在动手操作上，在讲述具体操作步骤时，就会表达不流畅，不能说出使用工具的具体名称，那么本节课就缺乏对于学生言语智能的培养。为了提高学生的言语智能，课堂上一般采用以下策略。

## 1. 善于倾听

所谓"智者善听"，认真倾听教师授课内容和学习伙伴的学习步骤是学生获得知识的重要途径。对于学优生，在课堂中不仅能认真倾听，对倾听的内容也能深刻地理解，有效地保障了学习的进程。而待优生在这方面可能存在稍逊的现象，因此，教师在教学过程中，要注意在学生普遍能接受的语速下进行教学，学生在可接受的速度下才能认真思考老师的问题，在脑中整理思路，与老师互动。小学生正处于对事物好奇、活泼好动的阶段，注意力不集中，上课的时候常常会走神，甚至有些学生会出现敲键盘、动鼠标的现象，教师在课堂教学中要想方设法调动学生的学习积极性，保持学生的学习兴趣，让学生整节课都兴趣盎然地参与学习。在课堂教学中，还要培养学生认真倾听别人的发言或意见的习惯，可以在学习新知识的时候，让学生先了解学习的要求，然后带着问题去倾听，在引导学生自主学习的同时提升学生学习的积极性，逐渐培养学生认真听课的习惯。

## 2. 敢于诉说

信息技术课堂由于其特殊性与其他课堂相比，课堂学习气氛更加活跃，教师为学生创设敢说的氛围，对学生进行听说训练，可以有效提高学生的言语表达能力。在课堂教学中教师要认识到学生的主体地位，意识到衡量教学效率的标准不是教师教得多好，而是学生学会了多少。教师可以引导学生将本节课学习的目标、内容讲述出来，让学生带着明确的目标去学习，做学习的主人，锻炼学生的表达能力。

在教学中我们可以让学生来担任"小老师"，教师仅仅进行引导，不仅营造了活跃的氛围，也能够让学生努力表现自己，提高他们学习的自信心，同时也可以调动其他学生积极回答问题，做"小老师"来帮助大家。在此过程中教师要注意，学生的言语智能水平参差不齐，教师在平常授课过程中要进行观察，对于平时不爱举手发言的学生多多鼓励其大胆表达想法。教师可以先邀请积极的学生发言，再邀请平常不爱说话的学生发言，不爱说话的学生可以参照积极发言的同学的回答进行模仿回答或稍加补充。教师要及时肯定学生的发言，以鼓励的语言增强学生的积极性和自信心。学生也会从不敢、不善表达自己的想法和意见逐渐变得敢于发言，学生的自信心和语言表达能力得到了很好的培养。

### 3. 情境学习

在传统的信息技术课堂教学中教师经常采用的方法就是讲、演、练相结合，主要通过教师的讲授、示范演示和学生的练习进行知识的学习。一节课下来，学生基本掌握了授课的知识点，但由于信息技术课一星期才有一节，学生的遗忘率很高。在学习新知识时，教师可以设计一个主题情境，以故事或其他场景作为主线，贯穿整节课的学习中，引发学生的学习兴趣。例如，在学习《图像的复制》一课时，教师设计一个学生熟悉的场景——越秀公园，以爸爸、妈妈和木棉仔游公园这个故事作为主线，将教授的知识点融入每个任务的设计中，让学生在熟悉的场景中解决木棉仔和爸爸妈妈在游玩公园的过程中所遇到的问题。在解决一个个小问题的同时，学生不仅掌握了本课的知识点，还掌握了本课的重难点。在练习中我们这样将教学内容连在一起，更容易激发学生的学习兴趣。

### （二）提升数理逻辑智能的教学策略

在提升学生逻辑思维能力的教学中，可以采用以下方式进行逻辑思维的训练。

### 1. 设计分层提问，学习新知

教师在教学过程中，使用有效的提问策略能够有力地推动课堂学习的进程，使学生始终在思维清晰的状态下学习，能更好地激发学生的想象力，刺激学生引发行动。布卢姆知识领域的教学目标，将教学目标分为认知、理解、运用、分析、综合、评价六个层次，教师在与学生共同设定目标时要有所侧重，不能让学生找不到重点，在提问时也要由表及里，有层次地提问。例如，你会打开Windows自带的画图软件吗？你是怎样启动画图软件的？怎样将画纸拉大呢？分层次提问，不仅能照顾全体学生，还能使部分学生个性得到发展，同时潜移默化地影响学生的思考模式。

### 2. 寻找异同，进行归纳

在信息技术课堂教学过程中，为了引起学生的学习兴趣，在设计中要注意教学的趣味性。小学生乐于观察，对于寻找不同的学习方式非常感兴趣，教师在教学过程中可以利用知识迁移的方法进行教学。通过已有的知识，找出与现学知识的异同进行迁移学习，对相似的教学内容进行区别教学，找出两种功能的相同点，辨明两种功能的异同点，提高学生的归纳能力和辨析能力。例如，在WPS的文字处理和WPS演示教学中，教师都会讲解菜单栏，在菜单栏的插入栏中有很多功能，讲解的时候就可以将两者进行对比教学，哪些是两者都有的功能，哪些功能是WPS演示上独有的。使用这种方式进行授课，学生能够对学习过的内容进行巩固，对有区别的功能重点记忆，提高学习效果。

整个教学设计的最后环节就是总结环节，总结环节在教学设计中占有重要的地位。在信息技术课堂上教师往往只注重实际操作，40分钟的课堂教学如果不合理安排，就会变成演、讲、练的课堂。在学习进程中如果没有及时做总结归纳，就会使学生的思维混乱，不能对知识形成一个整体的框架，不能很好地构建起知识的整体认知结构，因此，在课堂教学中一定要留出时间对学习的内容进行总结，对本节课讲授的知识进行井然有序、系统化的口述或采用提纲或结构图的方式进行小结。当然也可以让学生自己归纳总结，帮助学生发展数理逻辑智能和言语智能，让学生在课堂结束后感觉豁然开朗、思维清晰。

### 3. 知识可视化，强化思维训练

知识可视化打破了传统固化的教学牢笼，以数据信息的直观视角拓展了教育的研究领域，以视觉的信息传输，在多感官的触动下，引发学生的头脑风暴，学生的思维在可视化的空间中不断发散，结合具象实物的信息传递，感知图表、图文、标志等交互形式传达的知识点，汲取信息技术的智慧，更加透彻地领会信息技术的操作技巧，具体化、清晰化地了解知识结构，重组信息技术的有关知识元素，将信息技术融会贯通，激发主观能动性。

在课堂教学中，教师可以将一些枯燥生硬的文字转换成学生感兴趣的图文、图表内容，使学生一目了然。在这段教学过程中，学生不仅复习巩固了前面学习的文字输入、表格处理方面的知识，在叙述自己图文、图表含义的过程中还锻炼了语言表达和逻辑表达能力，同时锻炼了归纳整理、逻辑思维能力。例如，在学习Scratch编程软件时，可以利用流程图将脚本和程序一一对应，将各种层次的知识点，以流程图的模式呈现出来，简明扼要地说明操作的方式，学生更加容易理解。教师还可以结合学生的喜好与日常接触等，在流程图中填充一些趣味的、悬念的内容，这样学生的思维会更加活跃，有助于快速动手实践，避免解读时间的浪费。又如，在引导学生制作数字故事的时候，可以先引导学生利用思维导图工具画出整个故事的大概结构、设定的场景、拟定的角色，并设计好故事的流程及实现的方式。由于有了思维导图，学生对整个数字故事的场景、角色等有了整体的安排，在动手制作数字故事的时候就能做到有条不紊。

### （三）提升空间智能的教学策略

信息技术课程以计算机应用软件和网络简单应用为主要内容，在学习的过程中注重提供丰富的视觉享受和想象的空间，激发学生视觉和空间方面的潜能，极力帮助学生开发大脑，激发想象力和创造力。基于空间智能的教学大致分为四个阶段：

首先是唤醒。教师在激趣引入环节或者在布置学习任务前，通过课件或者网络平台资源向学生展示与本课学习内容相关的素材或使人愉悦的图片、动画或视频等。例如，在教学《图像的复制》一课时，教师可以先向学生展示相同图形，运用所学知识——复制、移动、旋转、翻转等技术组成不同的图案，再通过引导性语言让学生展开丰富的想象力，联想、创作自己满意的图案。

其次是拓展。在教学过程中，教师可以在教授学生使用相同图形组成不同图案的基础上，对学生进行指导和鼓励，使学生发挥想象力，充满自信地将不同形状的图形进行组合，拼接成不同的图案，大胆地描绘自己想象中的内容。例如，在原来通过所学技术已经成功利用相同图形组成图案的基础上，让学生发挥想象力，利用不同图形组成自己满意的图案，并将自己的构图想法和实现效果的技术与学习伙伴进行分享。

再次是教学。这是构成师生活动的主体部分，教师教会学生使用图形组合图案后，学生基本掌握了拼接图案的方法，教师在此基础上对学生进行任务布置，要求学生按照任务进行练习，通过练习的完成检测教学目标的达成度。教师在此过程中实现了对学生空间智能的培养。

最后是迁移。迁移知识就是不仅仅将学生的学习留在课堂中，还教会学生将空间智能与生活相融合。教师可以布置与课程相关的知识让学生去了解或让学生在特定时间用所设计的图案去描述图案设计的意图。

### （四）提升身体运动智能的教学策略

信息技术课程教学需要调动学生多感官参与，通过动手实践习得技能。学生的身体运动智能只有在实践中才能形成和发展，离开了动手操作，培养学生的身体运动智能就成了无本之木，无源之水。学生的动手实践对于身体运动智能的发展有很大的好处，在动脑的基础上动手，在动手的过程中开发和发展智力和脑力，促进学生身体运动智能得到提升。

#### 1. 分组教学

由于学生自身的个体差异，在日常的课堂教学中我们不难发现，一个班上总有一部分学生的动手能力比其他学生要强许多，教师所布置的任务这部分学生很快就能完成，而有的学生一节课下来只能完成一部分任务，这些学生动手能力需要提高。这时教师可以按照异质分组，组内同质的原则对学生进行分组，每个组均由动手能力较强、水平中等和动手能力较差的学生组成。在实施小组合作学习之前，必须让学生选择自己在组内所扮演的角色，组内必须要有约定，动手能力强的学生在自己完成练习任务后，帮助组内动手能力较差的同学通过自身努力完成任务，真正达到合作学习的目的。教师也可以组织小组竞赛，增强学生参与活动的积极性，提高学生的动手操作能力。

#### 2. 游戏教学

众所周知，信息技术课程的技能学生基本上都是通过习得来掌握的。操作熟练的基础就是勤于练习，但信息技术课程并不是每天都有，对于教师讲授的知识，学生只能在课堂上练习，很少做到回家练习，教师在上课期间要给学生足够的时间练习，并且效率要高。教师可以让学生玩一些与教学内容相关的游戏来提高练习强度和学生积极性。例如，在学习可视化编程软件相关积木模块后，可以让学生试着编写"迷宫""贪吃蛇"等简单的游戏，让学生通过动手比画，帮助设计行走路线。学生在设计游戏的同时，身体运动智能也得到一定的提升。

### （五）提升音乐智能的教学策略

音乐作为世界上的一门语言，如果在课堂上合理运用，就会有效提高教学效率，促进学生智能的提升。在信息技术课堂教学中，教师可以通过创造愉快的音乐气氛来活跃课堂，增强学生记忆。在学生练习的时候，可以配上一段比较舒缓的音乐；在要求学生停止练习，听老师讲解练习时，可以配上一段比较响亮的音乐；在帮助学生学习的微课中可以配上一段让学生集中精神观看的音乐……

在选取音乐时，应该注意以下几点：第一，音乐题材一定要紧扣教学内容，确保学生在学习时不会被其他内容影响。第二，教师在播放音乐时要选取正确的时机，播放适度的时间，避免分散学生注意力，影响教学进度。

### （六）提升人际交往智能的教学策略

人际交往智能指的是对他人的表情、说话、手势动作的敏感程度以及做出有效反应的能力。在生活中常表现为善于与人交往、有许多朋友、喜欢与人交谈，在课堂中往往表现为更积极地回答老师的问题。在日常的课堂教学中，教师常常采用同伴分享、合作学习的方式帮助学生之间进行合作学习，提高学习的效率，提升学生们人际交往智能的水平。

#### 1. 同伴分享

同伴分享常常能够带动整体的授课氛围，教师在课堂教学中，要适时地让学生进行学习的分享，以此来提高学习的效率。在授课前，让学生分享一下自己已经掌握了哪些技能技术，鼓励他们大胆分享；在学习新知后，让学生分享一下，通过学习掌握了哪些技术；在完成练习任务前，可以让学生分享一下如何更高效地完成练习任务；在完成练习任务后，可以让学生分享一下完成练习的方法，可以优先用哪些方法来完成……分享的时间可长可短，要有目的地引导学生进行分享，不要偏离主题。这样不仅使学生们互助得到更多有趣的信息，同时让他们意识到分享的快乐。

#### 2. 合作学习

合作学习是使学生在交流中促进知识与技能提升的教学方式。将学生每4~6人分为一组，教师安排学习任务，让学生进行合作学习，以掌握某种知识或者技能。教师要从学生的实际出发，精心设计和组织学生的合作学习，善于营造轻松自如的合作学习气氛，要求小组内成员相互配合、相互促进。一方面，在这个过程中，要培养学生的合作意识和合作技能，使学生善于倾听别人的观点、意见并适时表达自己的想法，善于从别人的语言、行为中了解他人的情绪、情感和意向，并能据此做出适当的反应和调整。小组成员之间的默契配合不仅促进他们之间的友谊，还能发展他们的人际交往能力。另一方面，团队成员之间的学习和监督，可以有效巩固教学知识的学习。

### （七）提升自我内省智能的教学策略

自我内省智能就是能够有意识地评价自己已获得的知识并有意识地运用这些信息去调节、提高个体的学习能力，是自我反思、自我教育、自我发展的过程。在课堂教学中，教师应有意识地引导学生洞察和反省自身的学习状态，及时调整学习的节奏，运用多种评价形式参与学习过程，让学生通过反馈知道自己的优势和不足，形成总结问题的意识，及时内化学到的东西。例如，在教学《制作电子小板报》一课时，教师出示小板报制作的要求后，可以让学生与小伙伴交流电子小板报所需要的元素、框架结构、合理排版、色彩搭配等事宜，经过与小伙伴分享自己的想法后，学生们会对自己准备制作的电子小板报有一个整体的规划，保障制作过程的顺利开展。在制作的过程中，遇到困难及时询问，在制作完成后，还可以对制作过程的行为表现和所制作的电子小板报进行评价。通过评价进行反省，认识到自己的不足，及时进行交流和总结，提升自己的反省能力。

### （八）提升自然观察智能的教学策略

人类对于动物、植物等其他自然世界的物质特征的敏感性就是自然观察智能，其中包括对社会事物和自然事物的探索观察两方面。信息技术教学中的自然观察指的是对于窗口、菜单、图形、格式等功能进行观察并且操作的过程。在日常的教学中，教师要引导学生学会观察，培养学生有序科学地观察的能力。

### 1. 提供观察内容

在小学信息技术教学中，新授课的教学往往以教师的演、讲、练和学生的自主学习为主，无论哪种学习形式，都要求学生对学习内容进行观察。小学生天生好动灵活，对于新事物的学习非常快，通过观察别人怎么做就可以模仿完成学习任务。在练习的过程中，教师要细心观察学生们的反应，讲课语速要适应整个班级的学习节奏。教师在提供观察材料时，不要频繁跳跃讲解，要按逻辑顺序给予学习资料并且尽量使用对比性强的教学内容，让学生多用眼睛去观察，挖掘学生的探究能力，提高学生的自然观察智能。

**2. 观察操作结果**

教师在进行演示后，要先观察学生的学习结果，确保学生基本都能跟上自己的讲解速度。在进行练习时，教师要对学生的练习进行观察，引导和激发学生尽可能用各种方法进行练习，通过与学习伙伴交流对比学习结果，找出操作步骤的异同，提高学生吸收知识的效率和反思意识。例如，在《图像的复制》一课中，学生通过练习找到了几种复制的方法，引导学生对这些操作方法和步骤进行对比，让学生通过对比反思选择操作的最佳方法。通过对操作结果进行观察、对比，学生的自然观察智能得到提升。

## 五、多元化的教学评价设计

小学信息技术课程由于其自身的特殊性，没有统一的考试内容，一般以平时的课堂学习行为评价和作品评价作为期末考试评价的主要参考内容。为了更好地对学生进行评价，教师可以为每位学生建立"电子成长档案袋"，这种评价方式是对学生整个学习过程的一个观察记录。在整个学习过程中，教师为每个学生建立起独一无二的"电子成长档案袋"，在每节课完成时教师对"电子成长档案袋"进行回收、整理，教师可以在此基础上充分了解每一个学生的学习状态，针对学生在学习过程中所遇到的问题进行解疑，对于学生做得好的部分给予肯定、表扬，有效提升教学效果。

除了利用"电子成长档案袋"进行评价外，教师在课堂教学过程中还可以采取自评、互评、师评相结合的方式。教师引导学生进行自我评价、小组互评，这样可以鼓励学生提出自己标新立异的想法和意见同时促进竞争合作。教师在学生学习的过程中起着重要的作用，只有教师努力发现每个成员的潜在优势，才能将这种评价方式的积极作用发挥到极致。教师在结束评价时要进行阶段性总结，去粗求精，使学生在评价和反馈中不断超越。

在评价小组合作时，如果对其中个体进行评价，可以侧重对该学生在小组中的参与度、是否提出建设性意见做出评价。如果对整个小组进行评价，就要关注整个小组的合作过程及是否团结和提出创新的想法，这样对整个小组进行鼓励，也可以增强每个学生的集体荣誉感，伴随他们走向成功。

# 第三节　基于个体差异促进
# 学困生发展

新课程的不断深入，对学生学习信息技术知识的要求不断提高。信息技术已列入统考科目中，而小学信息技术教学为中学统考奠定基础，但小学信息技术由于只是一门工具课程，在小学课程实施中不被重视，越来越多的学生对学习信息技术持消极态度，兴趣淡薄，缺乏信心，导致了学困生的产生。所谓"学困生"，一般是指那些学习有困难，学习水平与其现阶段应达到的目标存在一定差距的学生，在常态的教学班中，总是有部分不同成因的学困生存在。因此，在教学中教师应面向全体学生，既要培养优秀生又要关爱、关注学困生的成长。如何在信息技术课堂教学中，关注差异，帮助学困生脱"困"，成了亟待解决的一个问题。在教学过程中，我们为学生建立成长记录袋，为学困生开"小灶"，借助课前的"小研究"等方法，收到了一定的效果，学困生学习的态度转变了，学习的能力有所提高，与伙伴协作的能力也有了一定的提高。多元智能理论对于学困生的发展，有比较积极的指导意义。

## 一、学困生的成因分析

在小学信息技术课堂教学中我们不难发现学生的年龄特点以及认知水平都会存在着一定的差异，大致可以分为：①学习态度不端正，但有学习的能力。②学习能力较差，但学习态度端正。③学习态度不端正，学习能力也差。学困生的成因多种多样，我们对部分学困生进行问卷调查、统计、分析后得出，大部分学困生最突出的问题是学习态度的问题，而不是学习能力的问题。按照布卢姆的研究，除了少数智力落后的学生外，95%的学生学习差异均在学习习惯以及学习方法中，只要改善其学习习惯，激发其学习的兴趣，会使这部分学生的内在潜力得到发挥，使他们在不知不觉中得到一定的发展。在深入分析这些学困生形成的原因后，我们也欣喜地发现，许多学习困难生是具有内在学习潜力的，只要他们克服学习上的障碍，完全可以在自己的最近发展区得到一定的发展。

## 二、促学困生发展的对策

在小学信息技术课堂教学中，我们必须尊重学生差异，有针对性地解决学困生在学习活动中所遇到的困难，使学困生能增强参与课堂学习的意识，采取多种有效的教学策略和方法，增强学困生的学习兴趣和对计算机的操作能力。在日常的教学中我尝试通过以下措施改变学困生，鼓励学困生主动参与到课堂学习活动当中，使学困生在各自的最近发展区内充分发挥学习潜能，获得有差异的发展，经过一段时间的实践，收到了一定的效果。

### （一）做好分层教学的实施工作

在学困生成因的调查中，由于学习任务艰难而放弃学习的学生不在少数。这部分学生每当接到教师布置的学习任务后，不论其简单还是复杂，都会"本能"地选择放弃，而每次放弃都会带来下次学习上的困难，长此以往，便会形成恶性循环。教师应该力求让每一位学生都体验到学习的快乐，在学习的过程中产生积极的情感体验。因此，教师需要针对学生的不同掌握情况进行分层教学，而这种分层教学不仅应当体现在作业任务的分层上，更应当体现在平时的课堂教学中。例如，可以将基础知识和简单技能的掌握交给学生，让学生自己去思考，在大脑中进行演绎、推理、拆分、重构，并找学生进行展讲，让学生用自己的语言将知识点传授给其他学生。与此同时，鼓励其他学生勇于质疑和反思，并有意识地请学困生说出他们的不同想法和观点，迫使学困生进行思考。这样通过学生之间想法的交流和思维的碰撞，消除学困生"本能"的放弃行为，引导和强制学困生进行探究学习，使他们主动参与到学习中来，大胆表达自己的观点，说出自己的想法并给予积极响应，从而让学困生产生积极的情感体验，主动投入学习，进而形成良性循环。

**（二）加大教师对学困生的关注力度**

教师不仅应该是传道授业解惑者，更应该是学生心灵的关爱者，对学困生尤其如此。当他们犹豫不决时，及时给予一个鼓励的眼神；当他们想要放弃时，及时上前进行鼓励；当他们着急慌忙、抓耳挠腮时，给他们一个爱的抚摸；当他们取得进步时，在全班面前鼓励赞扬，以增强他们的荣誉感和成就感；等等。对学困生多一点儿关爱，多一点儿耐心，让他们感受到自己在教师爱的包围下成长，他们终会迈开步伐，开始前行。教师可以用心安排学困生座位，为学困生创造良好的学习氛围。学困生的自制能力一般要比普通学生弱，因此，在安排座位的时候，教师应当多费点儿心思，如尽量将学困生安排在靠近讲台的位置，或者将其安排在自制力比较强的学生中间。有效减少周围环境对学困生的干扰，可以促使学困生把更多的精力投入到学习中。当学生从心里开始打破困难壁垒，同时处于一个相对安静的学习环境中时，便会很容易进入边缘化学习，从而慢慢透过对话、模仿以及实际参与的历程，从生手变成专家。"其身正，不令而行；其身不正，虽令不从。"这便要求每一位教育工作者时刻注意自己的言行，提升自我素养，言必信，行必果，通过自身的榜样作用影响和感染学生，让学生积极投入到课堂中来。

**（三）制定相应的帮扶措施，促学困生发展**

在日常的课堂学习中，我们为这一部分学困生开"小灶"，制定了相应的措施：

（1）唤起学习欲望，促学困生主动参与学习活动。在课堂教学中，教师的言行以及所表现出来的心理状况对学生的影响至关重要，对学生的后继学习也有不可低估的作用。教育心理学的理论研究和教育实践已经证明：如果教师信任、喜欢、重视某个学生，这个学生会因为教师的行为而十分喜爱上这个教师的课。美国心理学家罗伯特·罗森塔尔于1968年进行的一项"预测未来发展的测验"，也同样证明了教师期望、期待、热情关注等行为可以对学生的心理及行为产生正面的、积极的影响效应。因此，我们深深地感觉到要转化学困生，使学困生有所进步，作为一线教师必须用正确、积极、正面的态度去对待他们，不应高高在上，压迫他们去完成学习任务，而应该真真切切地去关心和理解他们，想方设法为他们铺垫基石、扫除障碍，让他们通过自身的努力，去体验成功的喜悦。

（2）营造学习氛围，促学困生主动参与学习活动。我们尝试根据学生的特点对他们进行异质分组，将学困生有意识、有目的地分到各个小组，将学习态度差、能力不差的学生有意识地安排到离教师比较近的座位上，附近安排一些自律性较强的学生；将能力差、态度不差的学生安排到教师容易到达的区域，方便教师及时注意他们的学习状况，附近安排一些学习比较好的学生。经过一段时间的实践，这些学困生都有了一定的进步。

（3）互帮互学，促学困生主动参与学习活动。在小学信息技术课堂中利用小组的力量帮助学困生学习，往往比教师单方面的努力成效更好。在异质分组后的小组里，引导他们有意识地制定学习的要求、目标等，根据自己小组的实际设计评价量表，以此来约束组员的学习行为。例如，在有态度差、能力不差的学困生的小组着重制定课堂学习的要求，要求这类学生必须遵守课堂学习的纪律，认真听课；在有学习态度不差、能力差的学困生的小组要求这类学生上课认真听课，积极回答问题，大胆提出自己不明白的地方；在有学习态度差、能力差的学困生的小组要求这类学生遇到不明白的地方，主动寻找帮助，小组活动时，能遵守协定……小组内的成员要互相监督、互相帮助、荣辱与共。通过一段时间的实践，我们欣喜地发现，75%的学困生有了很大的转变，获得了很大的进步。

### （四）为学困生建立成长记录袋，追踪其成长的轨迹

成长记录袋的作用已经在教育教学领域中初见成效，在小学信息技术课堂教学中，使用成长记录袋记录学生的学习过程，也收到了不错的效果。一般的成长记录袋会依据教学班上一般学生的情况来制定，但为学困生开"小灶"所建立的成长记录袋，与一般的成长记录袋有所不同，学生不但可以把自己认为有纪念意义、有代表性的作品放在里面，还可以把课前的"小研究"和自己的学习发现与学习感想——记录在成长记录袋里。学困生在成长的过程中，有一个属于自己的成长记录袋，成长记录袋里记录了他们成长的

点滴，通过整理、回忆自己的成长，发现问题，进行反思，学困生看到了自己的发展变化，体验到了成功的喜悦。

为学困生建立丰富的成长记录袋目的不是监督学生如何按制定的要求去做，目的在于为学困生的成长提供一个可以追溯的平台，为学生的成长、发展提供前提基础。通过不断收集学生发展过程中的信息，根据学生的具体情况，判断学生存在的优势与不足，在此基础上提出具体的、有针对性的改进建议，促使学生在其最近发展区内得到一定的发展，在原有的水平上发现学生的潜能，发挥学生的特长，了解学生发展中的需求，帮助学生认识自我、建立自信。例如，我们针对不同性质的学困生所设计的成长记录袋也有所不同，针对他们进步的方向设计了促使他们发展的成长记录袋，并请组员提醒、协助他们及时把自己的学习行为记录下来，并请家长和同学及时留下鼓励的话语，肯定他们的进步。久而久之，他们已经能自觉填写成长记录袋里面的内容。经过一段时间后，他们再翻开自己的成长记录袋阅读时，不禁说："原来我学了这么多的东西！""我的进步可真大！"虽然是简简单单的感慨，但不难看出，他们也体会到了进步的愉悦、成功的欢喜。

经过一段时间的实践，我们欣喜地看到了辛勤付出的收获，成长记录袋里详细地记录学困生的成长过程中的成功与挫折，他们从中体验成功，感受成长与进步，体验自己在最近发展区的发展。

**（五）精心设计课前"小研究"，促学困生学习兴趣和能力的提高**

根据华南师范大学郭思乐教授所提出的"生本教育"理念，将其融合在日常的信息技术课堂教学中，为学困生精心设计课前"小研究"，以此帮助学困生树立起自信心，勇敢地、积极地学习。课前"小研究"其实就是课前的预习，由于信息技术学科的特殊性，学生们学习时，往往是不会做课前预习的。因此，在学习新知识前，我有意识地将知识点分解成一个个小的问题，让学生在课前通过各种渠道去寻找答案，让学生在学习新知前对所学的新知有一个大概的了解，以此提高学生学习的效率。我们都知道学困生出于其自身的原因，在学习时，总会出现"慢半拍"的现象，而这种"慢半拍"的现象，往往是他们对知识点的陌生和不理解所造成的。

针对学习的知识点精心地设计课前"小研究"，在课前有目的地对知识点进行分解，降低学习的难度，与此同时，为学困生再开"小灶"，再将学习难度降低。一般学生需要找出几种不同的操作方法，而学困生只需找出其中的一种即可，而且，一般的学生只给一两天的时间进行课前"小研究"，学困生则给4~5天进行课前"小研究"，让学困生享受优先进行学习的权利，让他们有更多的时间去寻找答案，让他们体验成功的喜悦。这样做无疑为他们的后续学习打下了良好的基础，他们通过各种渠道去寻找答案，在学习的过程中主动参与，乐于参与学习，主动学习，与此同时，学习兴趣得到提高，学习的能力也得到一定的提高。例如，在设计"画图"软件中，在对图形进行基本操作知识点的学习前，我设计了课前"小研究"：让学生找出操作的步骤和方法，学困生只要找出一种即可，学有余力的学生可以找出两种或三种操作方法，通过完成"小研究"，学困生牢固地掌握了一种或两种操作方法。

课前"小研究"在完成的时间上得到了保证，解决了课堂学习时间不足的问题。学生在课前已经对相应的知识点进行了初步的预习，在课堂学习中不再是盲目地寻找操作方法，而是把精力集中在了实践这些操作方法是否可行上。通过小组实践、汇报，学生们都能找出操作方法，并运用到了相对应的练习中，这样做节省了大量寻找方法的时间，提高了学习的效率。由于操作方法多种多样，我只要求学困生找出其中的一种就算完成了学习任务，但学困生基本都能找出2~3种，在课堂学习中他们还得意扬扬地向组员、学习伙伴和老师展示自己的学习成果，并把自己完成的"小研究"及时地收录到了成长记录袋里。课前，针对准备学习的知识点，精心设计"小研究"让学困生独享这种学习方式，让他们在课堂上能紧跟大家的步伐，激发起学习的兴趣，认真主动地进行学习，促使他们在自己的最近发展区得到一定的发展。

## （六）做好学习成果的捆绑工作

小组对提升学困生学习效果的影响不仅在于组长对学困生的负责，更在于学困生对小组活动的积极参与以及对小组集体荣誉感的负责。我们可以通过小组的帮助有效地将学困生拉回学习队伍的行列中来。通过让学困生体验到自己的责任，让他们深刻地意识到自己是小团队中不可或缺的一员，并且应该为整个团队负责，只有当学生意识到自己的责任，才会努力前行。为此可以实行小组加分制。例如，在交作业时，只有当整个小组都交齐并且都正确时，才给小组内每位成员记分，否则整组人不进行记分登记；在组间竞赛时，从每个组中有目的地挑选学生代表本小组参与竞赛，获胜者所在的小组便可获得分数奖励。将学困生的状态和整个小组的状态捆绑在一起，便可有力地激发学困生的责任感，促使他们努力前行。

## 三、促学困生发展成效

经过一段时间的实践我们欣喜地发现，大部分的学困生在老师和学习伙伴的帮助下，在自己的努力下，都在自己的最近发展区内得到了一定的发展，75％的学困生得到了很大的进步。具体的表现如下。

### （一）课前"小研究"促使学困生学习兴趣盎然，主动参与学习活动

以往学困生在学习的时候，总爱站在后面，不爱发表自己的意见，特别是在小组合作活动中，更不愿随便发表自己的意见，怕被组员一票否决，往往是让组内的优等生去完成任务，然后再分享别人对自己小组的评价，对学习的兴趣不浓，积极性不高。因此，我们要关注、关爱学困生，使学困生感受到教师的关心和关爱，消除对立情绪，消除学习困生的自卑感，使他们不再畏缩，勇于去学习。调动学困生学习的积极性，让他们不断体验成功和学习的快乐，树立信心，扬起进步的风帆。在上课前，我先悄悄把课前"小研究"发给学困生，让学困生通过各种渠道去寻找答案，让这部分学生先了解我上课的内容和目标，在课堂学习中，将学困生的学习要求降低，使学困生都能达成学习的目标，体会成功的喜悦。

### （二）学困生交流、合作的能力有了一定的提高

信息技术课堂教学中，小组协作学习、同伴互助学习是最常使用的教学形式，因此，我们利用小组学习的机会，培养学生学习的自信心，使其全身心地融入学习中，锻炼了学困生与别人交流、合作的能力。在小组学习中，我与组内的成员达成共识，在小组活动的过程中，给予学困生发表意见的空间，乐于听取与分享学困生的学习经验和对知识点的见解，驱除学困生的退

缩情绪，树立其参与意识，特别鼓励学困生主动参与小组活动和集体活动，多在学习活动中发表自己的意见及建议，使学困生建立起学习的自信心，分享学习成果。在学习的过程中，及时记录成长的点点滴滴，通过一段时间，我们发现，在课堂学习中，学困生都能主动去参与学习活动，各种能力有了一定的提高。

### （三）学困生对计算机的操作能力得到了提高

由于学困生在课前认真预习了学习的内容，在课堂上积极参与了学习，他们对知识点、对相关知识的技术技巧有了一定的了解，他们知道在交流、练习中要如何操作才能完成拟定的任务，都乐于动手上机进行实践，并把实践的成果与小组内的同学及时分享，久而久之，他们的操作能力也得到了一定的提高。

虽然，大部分学困生都在自己的最近发展区有了一定的发展，但我们更希望看到学困生的更大进步，因此，我们必须坚持不懈地为学困生创设发展的平台，让他们继续发展，争取更大的进步。

附：

### "多元化评价方法以及有效性的研究"课题研究报告

#### 一、研究背景与目标、选题的意义

随着教育改革的不断深入和发展，传统的学习结果评价方法的弊端已日益显露：评价功能过于注重其鉴定性和终结性，不具有教育性和发展性；评价标准和方式过于片面；评价主体过于单一；等等。现代教育论指出：教学过程是师生交往、积极互动、共同发展的过程。课堂教学是学生思维发展的过程，评价是联系教师与学生思维、情感的重要环节，在课堂教学中实施多元化评价有利于学生学习信息的多方位、多角度交流；有利于培养学生自我评价和评价他人的能力；有利于突出学生学习的主体地位，提高教学效率；有利于因材施教，充分调动不同层次学生学习的积极性，使学生体验成功，建立自信，促进学生主动、全面地发展。实施多元化评价不仅能关注学生的学业成绩，而且更有利于发现和发展学生的潜能。学校课堂教学评价体系的建立，实现了教师对自己教学行为的分析与反思，教师可以从多渠道获得信

息，不断提高教学水平。

我们认为在素质教育背景下，评价应该是课程、教学的一个有机构成环节，它同样也是促进学生发展的有效教育手段。评价不是为了给学生在群体中分出等级，而是为了让学生在现有的基础上谋求实实在在的发展。而多元化评价集中体现了"一切为了学生发展"的教育理念，强调的是评价过程中主体间的双向选择、沟通和协商；注重对学生综合素质的考查，尊重个体差异，注重对个体发展独特性的认可。和其他评价方式相比，多元化评价更为注重学生的成长发展过程，关注评价对象的转变与发展。在研究的过程中，我们寻找出多元化评价的方法，并进行行之有效的实践，初步建立起多元化评价体系，并鼓励将多元化评价贯穿日常的教育教学行为，促进有效的课堂教学。

学生处于不断发展变化的过程中，教育的意义在于引导和促进学生的发展和完善，而多元化评价的主要作用就是为学生确定个体化的发展性目标，通过评价促进学生在原有水平上的提高，达到素质教育培养目标的要求，而且要发展学生的潜能，发挥学生的特长，了解学生的发展需求，帮助学生认识自我、建立自信。我们认为，只有关注过程，评价才可能深入学生发展的过程，才能有效帮助学生形成积极的学习态度、科学的探究精神，才能注重学生在学习过程中的情感体验、价值观形成。多元化评价就为评价从关注结果到注重过程，促进发展的功能转化提供了可能和条件。新课程所倡导的教学评价要求在对学生和教师的评价中，评价的主体、内容和方法都要多元化、多样化。希望在此过程中寻找出多元化评价的方法，通过研究形成初步的多元化评价体系，使师生共同受益，促进有效的课堂教学。

二、与该课题相关研究的述评

（一）多元智能理论

多元智能理论是由美国哈佛大学的发展心理学家加德纳于1983年在《智能的结构》一书中提出的。多元智能理论打破传统的将智能看作以语言能力和逻辑–数理能力为核心的整合能力的认识，而认为人的智能是由言语智能、数理逻辑智能、空间关系智能、音乐智能、身体运动智能、人际交往智内、自我反省智能、自然观察智能八种智内构成，并从新的角度阐述和分析了智能在个体身上的存在方式以及发展的潜力等。

多元智能理论一经提出，即对教育界产生了巨大的影响。首先，它直接影响教师形成积极乐观的学生观。多元智能理论认为：每个人都同时拥有这八种智力，只是这八种智能在每个人身上以不同的方式、不同的程度组合存在，使得每个人的智能都各具特色。因此，世界上并不存在谁聪明谁不聪明的问题，而是存在在哪一方面聪明以及怎样聪明的问题，即学校里没有所谓学困生的存在，每个学生都是独特的，也是出色的。这样的学生观一旦形成，就使得教师乐于对每一位学生抱以积极、热切的期望，并乐于从多个角度来评价、观察和接纳学生，重在寻找和发现学生身上的闪光点，发现并发展学生的潜能。这正是多元化评价所倡导的改革方向，关注学生个体发展的差异性和个体发展的不均衡性，评价内容多元、评价标准分层，重视评价对学生个体发展的建构作用。

其次，多元智能理论直接影响教师重新建构智力观。虽然教师担负着发展学生潜能的责任，但是很少有教师真正思考过人类学习潜能——智能的本质是什么。传统的智能理论将智能解释为一种以语言能力和逻辑-数理能力为核心的整合能力，于是世界各国教育的重点则被定位于追求优异的语文和数学表现；而多元智能理论则强调，智能的本质更多地表现为个体解决实际问题的能力和生产及创造出社会所需要的有效产品的能力，而这些能力显然远远超越了传统教学和评价关注的重点。因此，多元智能理论拓展了教师的智力观，课程功能由此开始发生根本的转变，教师不但关注学生的学业成绩，同时关注学生的全面发展，尤其重视培养学生的实践能力和创新能力。这些正是我校学生评价改革的方向，即建立促进学生全面发展的评价体系，加强评价与学生生活经验、社会实际的联系，重在考查学生分析问题、解决问题的能力等。

再次，多元智能理论帮助教师树立新的教育观。多元智能理论不仅提出每一位学生都同时拥有智能的优势领域和弱势领域，而且提出在每一位学生充分展示自己优势领域的同时，应将其优势领域的特点迁移到弱势领域中去，从而促使其弱势领域得到尽可能的发展，这就是我们教育工作者的责任和义务。因此，教育首先是赏识教育，教师相信每一位学生都是有能力的人，乐于挖掘每一位学生的优势潜能，并给予充分的肯定和欣赏，即关注评价的教育功能，发展和发现学生身上多方面的潜能，了解学生发展中的需要，帮助学生认识自我、建立自信，促进学生在原有水平上的发展等。

### （二）建构主义理论

建构主义学习理论是在认知心理学的基础上发展起来的一种现代学习理论。该理论认为，知识并不是对现实世界的绝对正确的表征，不是在各种情境都能适用的教条，它们处于不断的发展之中，在不同的情境中，需要被重新建构；学习者是主动的建构者，而不是事实信息的记录者，他们在以往的生活、学习和交往活动中，逐步形成了自己对各种现象的理解和看法，是自己独特知识结构的创造者，并具有利用现有知识经验进行推论的智力潜能；知识的学习是一种真实生活的应用，有意义的学习是反省和自我调整的；多元化评价就提供了很好的反馈功能。

建构主义特别重视社会性相互作用促进学习和教学的构想。在教学方法上，他们提出了合作学习，即让学生在能力各异的小组或小团队里一起学习，互相帮助，以取代为了获得承认而进行的竞争。科恩认为，合作学习的任务最好是团体性任务，即任务所要求的资源（信息、知识、技能、材料等）最好是单个学习者所不可能全部具有的；合作学习的任务最好是结构不良的问题，那些开放式的、答案不唯一的问题更能引发学生深层次的沟通。这样的理论体现在学习评价上，就是强调通过让学习小组完成学生个体评价，体现对其学习结果评价的真实客观。

我们认为，多元化评价观的理论基础是现代建构主义学习理论和多元化智能理论。一方面，多元化评价的背景是学生真实的学习和生活的良好反馈，它是对学生运用自己的知识进行判断、解决问题的直接评价，并为教学及学习提供了完整而清晰的材料；另一方面，多元化评价克服了传统学科测评偏重于知识考核的缺点，注重对学生情感态度、价值观、操作能力、应用及创造能力的评量，在评量思想和评量方法上都是一种进步。

三、课题研究过程

（一）深入学习相关理论知识，转变教师传统观念

长期以来，我们习惯于使用单一的纸笔测验法来评价学生的学业成绩，过分关注评价的结果，而忽视了评价过程本身的意义。在传统的课堂教学大多采用师生问答、教师评价的形式，教师成了评价的权威，是学生学习表现的唯一评定者。由于教师是课堂评价的"主宰"，课堂上缺乏了学生的积极参与，也就缺乏了生气和乐趣，缺乏对智慧的挑战和对好奇心的刺激。为此，在课题研究之初，我们组织了课题组相关教师学习了多元化评价的相关理论知识，从多元化评价的手段和方法入手，深入地学习实践，转变教师的传统观念，把课堂学习的主体地位还给学生，把评价的权利交还给学生，关注学生的主观能动性，注重学生的潜力发展，真正体现学生是学习的主体，有效提高课堂的教学质量。在课题研究过程中，一方面，我们结合案例进行学习和研究，力求使学习和研究更有实效。我们不但学习国内外已有的一些多元化评价的案例，更经常学习由课题组教师提供自身实践的案例，课题组其他教师结合自己的学习，对其设计、实施、评价的全过程进行反思，并将反思所得在课题组内交流。另一方面，我们还定期开展专题研讨互学，在研讨活动中，课题组教师们带着操作性很强的案例和自己最有效的方法在会上畅谈，非课题组的教师也畅所欲言，进行理性思辨和质疑、建议。这不仅为学科之间提供了学习的机会，也有利于教师们针对自己的薄弱环节进行反思和修正。

经过一段时间的尝试，学生参与课堂评价的热情很高，收到了不错的效果，课堂的教学质量有了一定的提高。

（二）为学生建立了丰富的电子成长档案袋

随着课改的不断深入，作为对学生进行多元化评价的工具之一，电子成长档案袋的运用，已经越来越引起人们的关注与重视，为学生建立丰富的电子成长档案袋，已经是多元化评价一种不可或缺的手段了，我们在为学生设计电子成长档案袋前，力求避免已有的研究成果的不足，本着突出特色、突出学生个性的原则而设计，不但记录了学生学习生活方面的内容，反映学生的努力、进步和成就，使每位学生获得自信，同时也注意了以下几点。

### 1. 评价主体的多元互动性

在电子成长档案袋中，有许多项目是让学生自评、互评，让他们将自己认为有纪念意义、有代表性的作品放在里面，同时我们还设计了"老师的话""家长的话"，让学生在评价中与伙伴交流与老师、家长进行对话，进行自我反思、自我学习、自我教育，增强学生的自我意识。

### 2. 评价内容的多维性

电子成长档案袋记录了学生的成长过程，使学生有一个属于自己的电子成长档案袋。电子成长档案袋里记录了学生成长的点滴，对学生的心理、生理、智力、技能、情感、行为、态度、学习过程、学习方法以及优势、不足等都进行了一一的记录，注重自身的全面发展和个性张扬，关注学生在各学科的知识与能力、过程与方法、情感态度与价值观三个维度的成长状况，使学生通过整理，回忆自己的成长，发现问题，进行反思，使学生看到自己的发展变化。例如，在设计电子成长档案袋时，鼓励他们的设计有个人的特色，要求他们考虑该放入哪些学习作品，鼓励他们仔细思考这些作品哪些地方做得好，这说明了什么，收录的作品是否能向其他人展现自己的优点，是否能展示出自己的学习进步情况，并要求他们在作品旁边写上收录这一作品的原因。另外，我们要求学生找出自己在品德方面需要改进的一点做个成长记录，记下自己不断改进的过程并请同学、老师、家长和他自己做阶段性评价。在个别学生的资料袋完善工作取得一定进展后，我们指导更多的学生进行这一项工作并为他们提供展示自己资料袋的机会。在整个过程中，教师注意发挥电子成长档案袋的反馈调节作用，强调学生主体评价；发挥电子成长档案袋的展示激励作用，关注学生个别差别，培养学生个性；引导学生在记录自己的成长的同时享受探究的过程。

### 3. 评价形式的生动性

为学生设计电子成长袋时，我们的教师充分考虑到了学生的年龄特点，设计了图文并茂、生动活泼、富有趣味的电子成长档案袋，这无疑为学生的成长、发展提供了前提基础，电子成长档案袋里面放了各种各样的成长记录表，学生的学习活动被一一记录下来，见证了学生成长的点滴进步。例如，指导学生设计完成的成长档案袋，内容包括自我介绍，教师、家长、同学眼中的我、课堂纪律评价表、学习评价表、日积月累、我的问题、课前"小研究"、我的发现、我的收获、我的作品等，学生看到自己成长的足迹，获得成功的喜悦。

### 4. 评价过程的开放性

电子成长档案袋打破了评价的时空，不局限在学生校内的学习生活上，还延伸到课外、社会中、家庭里，对学生的学习形式、情感、态度等进行全方位评价。学生也可以根据自己的爱好、特长进一步评价自己，这无疑有利于学生尝到成功的喜悦和个性的发挥。例如，在电子成长档案袋中，我们为学生设计了一项"我的发现"的内容，让学生把自己的所见、所闻、所想一一记录下来，然后再简单写写自己的感受。

任务是繁重的，但在认真完成各项工作以后，我们欣喜地发现辛勤付出的收获：通过一系列理论学习，我们的教师对多元化评价有了更深刻的认识，学生们在整理成长资料的过程中更为鲜明的看到了自己的优点，另外，家长也在参与整理、搜集成长资料的过程中拉近了与教师间的距离，更为全面地了解了孩子在校情况，配合学校教育的意愿与能力也有所增强；具体来说，我们实施电子成长档案袋评价后，有以下几点收获：

（1）体现了评价主体的自主性，增强了学生主动评价的意识。

电子成长档案袋中，有许多项目是学生自评、小组互评，让他们装进自己得意作品，这得意之作可以是作业，可以是手工，可以是图画。这就为学生们提供了一个展现自我、表现自我的平台；同时还设计了"老师的话""家长的话"，让学生在评价中与伙伴交流，与家长、老师对话等。

"图文并茂、生动活泼、富有趣味"是我校成长记录袋的一个特色。学生们的电子成长档案袋里，颜色丰富的画面、富有童趣的卡通形象、可爱的笑脸图案，吸引了不少学生的目光，让他们都爱不释手。即使是篇幅比较长的作文、课外阅读资料，我们都让学生们自己涂上颜色，配上彩画，整个成长档案袋色彩艳丽，由于形式新颖，学生们主动参与其中，增强了评价效果。

（2）促进了学生用积极的态度正视自己的优缺点，培养了学生自我反思的能力。

电子成长档案袋的评价改变了以往"一张考卷，一张成绩单"的单一评价方式，从学生的心理、生理、智力、技能、情感、行为、态度、学习过程、学习方法以及优势、不足等方面进行评价，可以说范围极广。例如，在常规评比的"星星照我行"中，学生自我的、小组的、老师的综合评价展现了学生们在学习、生活各方面上的进步；而课堂上的表现、劳动技能、生活习惯各方面的"夺星计划"，则促进了学生们以小主人的心态参与班级的管理，用积极的态度正视自己的优缺点，进行自我反思、自我学习、自我教育，注重个人的全面发展和个性张扬。

（3）与学科教学紧密联系，提高了学生的学科学习兴趣和探究学习能力。

学生电子成长档案袋中的材料还与我们学科的教学密切联系，跟设计的教学目标相适应。例如，在教学《制作电子小板报》一课时，以"我爱我的家乡"为主题，让学生通过多渠道寻找相关的图片、文字素材，并加以整理，对家乡的各种美景、习俗、文化等资源进行深入的了解和分析，并根据整理分析发挥自己的想象，用笔画、自己的语言描绘自己可爱的家乡，实现了多学科的融合。这样学生就在富有趣味的学科活动中不知不觉地提高了学习的兴趣，巩固了学科的知识，更丰富了学习的探索视野。

（4）给学生提供发表意见和展示成长的舞台，也给教师、家长提供全面看待孩子机会。

学生电子成长档案袋评价还客观而形象地反映学生的进步、成就和问题，以增强学生的自信心，提高学生的自我评价、自我反省能力。例如，让学生自己把作品整理放进电子成长档案袋中，让学生用一两句话简单写写作品创作的心得，表达自己对所学知识的理解，学生们就在这些观察、制作、发表见解中不断对自己的学习、生活、成长有所反思、有所领悟，对于自己的学习也有了反省的机会。

在使用电子成长档案袋一段时间后，我们欣喜地发现电子成长档案袋不仅为教师们提供了教育学生的信息，让教师和家长都转变了观念，从各方面素质更全面地看待孩子们；学生在整理电子成长资料的过程中更为鲜明地看到自己的优点，更为清晰地了解自己各方面的成长，更为重视学习过程中的点点滴滴而并非学习的结果，也更加深刻地体验到电子成长档案袋对他们的重要性。

从学生的电子成长档案袋记录当中我们不难发现，学生都能认真详细地记录自己的学习、生活方面的内容，了解自身发展的过程，感受到在成长过程中的成功与挫折，每一阶段都做了些什么，努力方向又是怎样的，体验成功，感受成长与进步，这对于学生的自主性、反思能力、创新精神和实践能力的培养具有非常重要的作用。而且，电子成长档案袋也为教师、家长和其他人提供了丰富多样的评价材料，使教师能够更开放地、多层面地、全面地评价每一个学生，帮助学生增强自信心，提高自我教育能力，有利于教师、学生、家长三者之间形成良好的沟通，共同促进孩子的发展。

（三）课堂教学多元化评价的主要做法

**1.建立促进学生素质发展的多元化评价体系**

在研究之初，我们制定了以下四个环节在各学科教研中开展多元化评价的研究，经过一段时间的深入探讨，基本建立起促进学生全面发展的多元化评价体系（图3-3-1）：

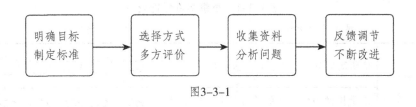

图3-3-1

（1）制定了明确的学科评价标准。

多元化评价关注学生的全面发展，不仅仅关注学生的知识和技能的获得情况，更关注学生学习的过程、方法以及相应的情感态度和价值观等方面的发展。只有这样，才能培养出适合时代发展需要的身心健康、有知识、有能力、有纪律的创新型人才。为此，在制定评价标准时，我们除了学科学习目标之外，更针对促进学生素质发展制定发展目标，教师与具体学科内容结合，确立评定学生学科素质发展的评价标准。具体而言，包括以下几个方面：

①道德品质：爱祖国、爱人民、爱劳动、爱科学、爱社会主义；遵纪守法、诚实可信、维护公德、关心集体、保护环境；自信、自尊、自强、自律、勤奋；能对个人的行为负责，表现出公民所应具有的社会责任感；等等。

②学习能力：有学习的愿望与兴趣，能承担起学习的责任；能运用各种学习策略来提高学习水平，能对自己的学习过程和学习结果进行反思；能把不同的学科知识联系起来，运用已有的知识和技能分析、解决问题；具有初步的探究与创新精神；等等。

③交流与合作：能与他人一起确立目标并努力去实现目标；尊重并理解他人的处境和观点，能评价和约束自己的行为；能综合地运用各种交流和沟通的方法进行合作；等等。

④个性与情感：对生活、学习有着积极的情绪情感体验，拥有自尊和自信；能积极乐观地对待挫折与困难。表现出勤奋、独立、自律、宽容和自强不息等优秀的个性品质。

针对学生在小组学习参与度，交流合作情况而制定了学习小组多元化评价标准，以某班的课堂小组学习表为例（表3-3-1、表3-3-2）：

**表3-3-1　小组学习评价表**

被评价同学姓名：　　　　　　　　　　　　　　　小组，组长：

| 情感态度 | 能认真倾听别人的发言，愉快与人交往 | ☺ ☺ ☺ ☺ ☺ |
| --- | --- | --- |
| | 乐于接受小组分配的学习任务，能积极主动完成任务 | ☺ ☺ ☺ ☺ ☺ |
| 与人合作 | 在意见不一致的时候，能主动与人沟通，接纳不同意见 | ☺ ☺ ☺ ☺ ☺ |
| 收集资料 | 在学习中善于收集相关的背景信息，收集资料较丰富 | ☺ ☺ ☺ ☺ ☺ |
| 口语表达 | 小组讨论时，能大胆发言，回答完整，语言准确 | ☺ ☺ ☺ ☺ ☺ |
| | 表达的意见比较独特，常能启发同学，或者帮助大家解决问题 | ☺ ☺ ☺ ☺ ☺ |

表3–3–2　学习能力评价表

班别＿＿＿＿　姓名＿＿＿＿

| 评价内容 | | 评价得分（ABCD等级） | | | |
|---|---|---|---|---|---|
| | | 自评 | 互评 | 小组评 | 师评 |
| 自主学习 | 主动预习，自觉复习，主动进行课外阅读 | | | | |
| | 经常整理自己的学习问题，有小结习惯 | | | | |
| | 勤于思考，善于思考，不断改进思考方法 | | | | |
| | 经常反思学习方法，积极改进学习方式 | | | | |
| | 善于从老师和同学的交流中吸取营养 | | | | |
| 探究学习 | 有问题意识，敢于表达自己的思想 | | | | |
| | 认真思考、积极探索别人提出的问题 | | | | |
| | 合理归纳，能做好学习小结 | | | | |
| | 善于分析，能提出自己的合理见解 | | | | |
| | 敢于发表自己的意见 | | | | |
| | 善于发现问题，有质疑探究学习习惯 | | | | |
| 合作学习 | 帮助他人，能带动周围同学学习 | | | | |
| | 课堂小组讨论能配合他人，积极主动发言 | | | | |
| | 能积极参加课外小组活动 | | | | |
| | 主动交流自己的学习经验 | | | | |

　　通过认真系统的学习，信息技术科的教师深知学生参与多元化评价，能更好地燃点起思维的火花，形成头脑风暴，激发起参与学习的兴趣。学生通过发表和听取别人的评价意见促进了自己分析事物、推理判断思维能力的发展，同时也锻炼了自己的逻辑思维的严密性，在与别人交流、议论的过程中拓宽自己的思路，触发了灵感，启迪了思维的创新。因此，在日常的信息技术课堂教学中，我们更注重探讨把传统的模仿操作与解决实际问题相结合进行多元化评价，在具体的问题情境中，有效地把课堂上"不懂""不会"的问题逐一解决，提高教学效率。

## 2.采用了开放式的多元化评价方法

　　促进学生全面发展的评价体系打破将考试作为唯一评价手段的局面，要求重视和采用开放式的多元化评价方法，如行为观察、情境测验、学习日记或成长记录等，关注学生学习、发展的过程。而我们，重点采取了以下的多元化评价方式做研究：

（1）使用问卷调查。

例如，为了了解学生在信息技术学科学习方面的兴趣、态度和习惯，就制定了这样的家长调查问卷：

学生姓名：_____ 年级：_____ 家长姓名：_____ 日期：_____

● 您的孩子喜欢上信息技术课吗？（非常喜欢　喜欢　一般　不喜欢）

● 您的孩子最喜欢学习哪种信息技术技能？

（打字、画画、做电子小报、程序设计、其他_____）

● 请您写出本学期您的孩子在家做的电脑作品。

_____

_____

● 在孩子学习信息技术技能方面您对学校或老师有什么要求？

_____

_____

● 您还希望让教师了解到有关您的孩子运用信息技术情况的哪些信息？

_____

_____

● 请您写一件有关孩子学习或运用信息技术技能的轶事。

_____

_____

在小组学习后，教师设计发给了学生调查问卷：

学生小组学习调查表：

● 你喜欢小组学习吗？

● 你有在小组学习中积极发言吗？

● 你会认真听别人的发言吗？

● （　）同学最积极，（　）同学有进步，（　）同学需要加油。

● 小组学习中你最想感谢（　）对你的帮助或你帮助了（　）。

这些问卷都可以有效帮助教师掌握学生的真实情况，有利于教师对学生进行全面而客观的评价。

（2）进行观察记录。

①教师观察日记。

我们参与了联合国儿童基金会的"姊妹学校"项目学习研究，与北方的孩子在同一时间种植了西红柿，通过观察和记录分析出地域、气候对西红柿生长的影响。在活动中，坚持对重点的试验学生进行行为的观察和记录，进行分析。以下就是实验教师所写的一篇关于种西红柿的教师观察日记（表3-3-3）：

表3-3-3 教师观察日记

| 学生的姓名：<br>王小明 | | 学校名称：广州市回民小学 |
| --- | --- | --- |
| | | 观察日期：2009年12月1日星期二 |
| 选定学生的日常表现（客观、如实描述网下的行为表现） | | 因为冷空气到来，昨天天气很暖和，今天温度就变化了，刮起了冷风。小明刚测完土壤的温度。他高兴地跑过来告诉我，说他发现了一个小秘密：随着空气中温度的变化，土壤的温度也在变化。上周，自然气温是23℃，而土壤气温就是21.8℃，仅相差1.2℃，可是这周气温下降，自然气温19℃，土壤温度却是14.6℃，足足相差了5.4℃ |
| 协作学习过程的发言摘录（原文） | 在线会议（实时交流的语言、文字） | |
| | "新协作模块"（非实时语言、文字） | |
| 观察者（教师）的话（感触）：<br>我当时又惊又喜，觉得他开始留意到气温的变化会导致周围事物的变化。而且他还比较了上周和本周土壤温度的差异，发现了空气温度会直接影响土壤的温度。当时我马上引导：既然气温变化了，土壤温度也变化，西红柿会不会受到影响？他肯定地回答：会！西红柿苗的根部会受寒 | | |
| | | 教师签名：×××  |

②课堂观察记录。

经过一段时间的研究，我们对多元化评价的研究更深入到课堂教学中，有意识地安排教师随堂听课，每一个学习小组指派专门的听课教师负责观察实录，以此获取学生在课堂上小组学习的真实情况，做出多元化的评价。以下就是一份听课教师随堂记录（表3-3-4）：

表3-3-4　课堂观察记录

课题：寻根溯源探寻民居　　　　小组：六年（×）班第×组
日期：2009.11.25　　　　　　　记录者：×××

| 小组学习内容 | 小组学习过程 | 小组学习结果 | 合作必要性 |
|---|---|---|---|
| 1.广州的西关大屋、重庆石柱吊脚楼、广西靖西的干栏式民居、广西隆林苗寨的特色？<br>2.讨论四地民居的共同点。<br>3.讨论四地民居差异 | 1.组长带领，小组一起观看四地协作伙伴制作的民居PPT。<br>2.组长组织，找出四地民居的共同特点：<br>（1）四地民居都是根据当时现有的条件建造房屋的，符合当地民风风俗、地理气候等。<br>（2）古老民居在材料的选用上基本都是就地取材，都用到了石头、泥土、木料等。而现代的建筑基本上都是钢筋、水泥、混凝土之类的材料。<br>（3）四地民居都因历史的原因，有着各自的特色。<br>3.组长组织，找出四地民居的差异：<br>（1）四地民居由于受地理环境、当地风俗习惯、人们经济、生活水平等的影响，在民居修建上有一定的差异。<br>（2）在材料的选用上，隆林的土房，建造房子的材料除了用木料以外，还有上等的泥土、自烧的瓦片等；重庆石柱的吊脚楼则是就地取材，充分利用当地的林木资源。<br>（3）在房屋结构的设计上，靖西民居楼分两层，上面用来住人，楼下用来堆放杂物或圈养牲畜。重庆石柱的民居正屋建在实地上，其余都悬空，靠柱支撑，这种设计干爽透气，通风采光。<br>（4）受历史的影响，四地民居均受到历史及经济的影响而发生了不同变化 | 小组内通过相互帮助，基本能按老师要求进行自主学习，解决问题 | 十分有必要进行合作学习，通过小组的学习讨论、解决问题 |

| 学生参与度 | 学习效果 | | 教师调控 |
|---|---|---|---|
| | 优生 | 学困生 | |
| 小组的学生表现比较积极，活跃 | 学习效果较好，能从别人的汇报中取长补短，加深个人理解 | 在同学的帮助下，基本掌握了四地民居的特色 | 教师能参与小组学习，并在巡视中进行指导。评价：优 |

**3. 形成了分析反馈的评价制度**

多元化评价的目的不是检查、甄别和选拔，而是在于通过评价来促使被评价者改进，促进其发展。因此，建立促进学生发展的评价体系，应根据信息收集后的分析意见，向学生反馈，并鼓励学生努力从自己发展优势领域方面的特征向其发展不足的领域迁移，以促进其潜能获得不断的发展。在这方面，最主要的就是教师对学生期末的激励性寄语，既表扬学生身上的闪光点，同时也客观指出学生的不足之处，还提出具体的改进建议。

除了教师的激励性评语外，我们还利用问卷和观察行为记录等方法收集资料，收集资料后我们引导自我、同伴、教师、家长多角度评价，分析学生的学习情况：

（1）引导自评性反思

为了更好地了解学生制作电子小板报的过程，我们向学生进行了这样的问卷调查：

例：学生作品制作自我反思问卷

学生姓名：_____      日期：_____

●你采用哪些方式去搜集小板报素材？_____

●你觉得自己搜集素材的能力怎么样？_____

●你的组员认为你搜集到的素材有用吗？_____

●你认为你搜集到的素材适合小板报使用吗？_____

●你愿意写与小报板有关的文章吗？_____

●你喜欢单独做小板报还是和同学一起做？_____

通过问卷，鼓励学生反思自己的写作过程，一方面起到自我调节、激励的作用，另一方面便于教师了解学生的思考过程。

（2）同伴的互助分析

例：同伴修改小板报建议的问卷

小板报的主题：_____      制作人姓名：_____

评改同伴姓名：_____      日期：_____

●你们认为这份小板报制作者的态度怎样？（非常认真  认真  一般  不认真）

●你们认为这份小板报哪些地方做得好？为什么？_____

- 你认为这份小板报有哪些地方可以改进？怎样修改？＿＿＿＿＿＿＿＿
- 请你们给这份小板报一个总体评价（优　良　及　不及）
- 制作人本人对于以上评价的意见是＿＿＿＿＿＿＿＿＿＿＿＿＿＿＿＿

通过同伴合作讨论的方法对所制作的小板报进行评价，不但使制作者本人比较接受分析意见，同时参与评价的小组成员都可以在评价作品的过程中受益，另外还培养了同伴间的合作精神。

（3）家长和教师的分析反馈。

教师对学生的评价表（表3-3-5）：

表3-3-5　教师眼中的我

| 评价　＼　评价角度 | 发言 | 听讲 | 合作 | 作业 | 创新（有独特见解） |
|---|---|---|---|---|---|
|  |  |  |  |  |  |

家长对学生的评价表（表3-3-6）：

表3-3-6　家长眼中的我

| 学生姓名 | 在家表现（学习、交流、预习等方面） | 学习情况（学习能力、学习态度、成绩等） | 家长的话 |
|---|---|---|---|
|  |  |  |  |

通过这两表从教师、家长的角度对学生一段时间的学习情况，包括学习态度、学习习惯、基础知识和基本技能、成长表现等全面进行回顾和分析。

## 四、结论

通过一段时间的研究我们欣喜地发现，在课堂教学中实施多元化的评价，能促进学生多方面能力的发展，为有效的课堂教学打下坚实的基础。

### （一）多元化评价，促进了学生自主学习、主动探索

我们引导学生参与评价的目的是让学生交流议论，通过评价自己或别人的学习行为，来推动学习过程的深入。学生在课堂上所想、所说、所议、所评，成了课堂教学的重要组成部分，通过让学生参与课堂各环节的教学活动，激起了学生强烈的好奇心，激发了学生浓厚的学习兴趣。例如，在教学复制/粘贴这组命令时，有部分学生在肯定别的同学的操作方法后，再汇报自

己的操作方法，并根据自己的想法进行演示。当操作方法在得到别的同学的肯定时，学生对这个基本的操作也有了一定的认识。

（二）多元化评价，促进了学生多种能力的发展

学生参与评价，能更好地燃点起思维的火花，形成头脑风暴，激发起参与学习的兴趣。学生通过发表和听取别人的评价意见促进了自己分析事物、推理判断思维能力的发展，同时也锻炼了自己的逻辑思维的严密性，在与别人交流、议论的过程中拓宽自己的思路，与此同时，学生的评价语言逐渐得到完善，评价语言更标准、更清晰，不再是"麻木的应答者"，不再单纯地充当"听"者、"答"者，而是充当了"问"者、"论"者、"思"者、"评"者等角色，还承担了组织同学间互相评价、共同活动的任务。他们不仅听教师说，还听同学评，甚至自己也参与评价，课堂教学呈现出可变动的、师生多向的、多中心的互动关系，有效地提高了课堂教学。例如，学生在评价别人与自己时，不自觉地根据自己所需要学习、掌握的知识去评价自己或别人的学习行为，及时纠正自己的学习行为，取长补短，不断完善自我。以评价促发展，让评价与学习融为一体，促进学生多种能力的发展。

（三）多元化评价，有利于教师及时调控，提高教学效率

让学生参与课堂评价，教师可以依据学生的评价意见及时反馈，因势利导，引导学生在互评、自评等多项活动中，有效地把课堂上"不懂""不会"的问题逐一解决，提高教学的效率。例如，在教学《图形的编辑》一课时，教师设计了多元化评价表，让学生通过评价自己或别人的操作，来提高自己的操作能力。

附表（表3-3-7）：

表3-3-7　学习情况评价表

| 评价内容 | ☆☆☆☆☆ | ☆☆☆☆ | ☆☆☆ | ☆☆ |
|---|---|---|---|---|
| 基本操作的掌握情况 | | | | |
| 有没有找出别的操作方法 | | | | |
| 不懂的知识解决的情况 | | | | |
| 有否与别人交流后，掌握知识 | | | | |
| 有否对别人提出中肯的意见 | | | | |

　　学生每完成一项学习后，及时填写评价表，教师可根据学生所填写的评价表进行及时的反馈调控，从中了解学生的学习情况，帮助学生及时解答疑惑，使学生不同畏惧难题，在教师或其他同学的帮助下解决问题。

　　回顾课题的研究与实践，我们本着开拓进取、努力探索的精神，进行课题研究，我们发现还存在以下问题，值得在今后的课题研究继续深入进行研究：

　　（1）如何充分发挥电子成长档案袋的功能与价值值得深入探讨。

　　（2）如何使学生掌握多元化评价的语式，将已有多元化评价语言再次丰富，使评价的语言更具体、更清晰、更到位。

**参考文献：**

［1］蔡永红.对多元化学生评价的理论基础的思考［J］.教育理论与实践，2001（5）：34-37.

［2］教育部北师大课程研究中心.多元智力理论对学生评价有什么样的启示？［J］.理论与探索，2004（3）.

［3］赵德成.新课程实施中的成长记录袋评价［J］.中小学管理，2003（12）.

# 项目教学法在小学信息技术课程教学中的应用

在小学信息技术教学中除了演、讲、练教学法和任务驱动教学法外，用的最多的就是项目教学法。项目教学法可以充分落实学生的主体地位，使其在参与具体项目实施的过程中，借助探究与实践有效激发主观能动性，进而促进课堂教学目标达成，有效培养学生的思考力、学习力、合作力、创新力和实践能力等综合能力。教师应结合信息技术教学要求对项目教学法进行创新性运用和推广。项目教学法在小学信息技术教学中的运用对于提升学生的思考力、探究力、动手能力、集体合作意识、巩固知识点的掌握和运用等方面都有积极的作用。需要教师在信息技术教学中对项目教学法进行精心设计、有效组织，确保项目教学有计划、有步骤、有检查、有总结，促进学生信息技术综合能力得到提升。

# 第一节　项目教学法的概念及内涵

## 一、项目教学法的概念

项目教学法，是指在教学过程中，教师围绕教学内容确定相关学习项目，并组织学生进行分组学习，通过各小组间共同制订项目实施计划及措施，指导学生有效展开项目的初始设计、分步实施及过程管控，在项目各环节的有序推进中达成教学目标。其最终目的在于通过课堂教学，将信息技术理论与操作实践进行有效融合，以培养学生学习力、创新力、知识运用能力及解决各类问题的能力。

## 二、项目教学法的理论基础

### （一）杜威的实用主义教育理论

杜威的实用主义教育理论主要观点：一是教育即生活，强调教育必须以生活为基础，因此教学内容的选择应与学生的日常生活相联系；二是学校即社会，在教学过程中应注重创设真实情境，促进学生提早适应社会生活；三是从做中学，通过在教学过程中设计实践环节，让学生在制作作品的过程中学习知识与技能。

项目学习采取"做中学"的方式，根据实际问题，学生利用各种学习资源及自身的经验完成任务并获得知识与技能。项目学习强调现实与活动，这与杜威的实用主义教育理论是一致的。

### （二）情境学习理论

情境学习是一种关于人类知识本质的理论，基本观点主要有三点：

（1）知识观。知识是一种以社会情境为背景展开的活动；知识是个体在与环境互动的过程中形成的一种互动状态；知识是一种人类为了适应不断变化发展的环境，适时调节一系列行为的能力。

（2）学习观。学习以真实或模拟的社会情境为背景，学习者通过联系现有的知识与经验，在参与真实或模拟的任务活动过程中，使知识在个人与周围环境的互动中显现出情境化与条件化的特点，以达到对其他成员在行为、态度、情感和价值观方面产生积极影响的效果。在学习者参与的过程中，获取知识是一个从边缘参与到核心的过程，他们需要理解和掌握在对话中获取知识的方法，莱夫和温格将这种学习模式称为"合法的边缘性参与"。本质上讲，这一术语是对一个初学者成长为某一实践共同体成熟成员过程的描述。

（3）教学观。在情境学习中，教师成为学生学习的组织者和引导者，不再像从前是信息的唯一来源和对于知识具有绝对的权威。项目学习充分尊重学生的学习兴趣和经验，教师根据在课前了解的学生原有知识水平与经验，为学生创设真实的问题情境。在整个教学过程中，教师角色转变为学生学习的促进者和引导者，小组成员间相互讨论交流意见，对彼此间产生积极的影响，促进学习者在真实的社会环境中建构知识的意义，促进学生能力的发展。

## 三、项目学习的原则

主题式项目教学注重项目学习内容之间的整合，为了达到项目内容的整体化和综合化，强调以项目主题为中心对知识进行统整，促进学生对项目内容的理解，项目教学操作主要遵循以下原则。

### （一）学生主体性原则

在项目教学活动中，学生是学习的主体，在设计教学设计方案前应对学生的特征进行分析与了解，综合考虑学生之前的知识水平、学习兴趣、心理发展水平和能力等，制订出符合学生特点的教学设计方案。在教学过程中，要尊重学生的学习兴趣，教师要实时关注学生的学习情况，创设真实的教学情境激发学生的学习兴趣。

### （二）主题中轴性原则

在项目教学系统的诸多要素中，项目教学主题处于核心地位，其他要素如项目教学目标、项目教学形式、项目教学方法、项目教学评价、教师行为与学生行为等均以项目教学主题为中心展开。既定的项目教学主题内包含着具体的项目教学目标，同时规定了要实现此教学目标可能采用的项目教学形式、项目教学方法与项目教学评价手段，进而限定了在本项目教学主体内教师的教学行为与学生的学习行为，这就是主题式项目教学的主题中轴性原则。

### （三）教学系统性原则

主题式项目教学很重视系统性。在项目教学设计时，教师围绕某一项目主题在学生大脑中构建与该主题知识相关联的框架结构和逻辑体系，不仅要从项目教学的广度与横向衔接上考虑，还要注意考虑项目内容的深度以及项目内容系统性与逻辑顺序等问题。

### （四）操作灵活性原则

主题式项目教学的操作灵活性原则主要表现在三个方面：一是结合学生的特征以及课程标准，采用单元整体设计方式有针对性地进行项目教学。二是项目教学设计只有新颖才能激发学生的学习兴趣和思考。可根据教材和实际情况，找到项目主题最佳的思维突破点，以点带面带动整个主题式项目教学。三是项目教学要随机应变，在实际操作中要灵活应对。根据各项目内容之间的综合程度主题式项目教学主要分为单学科的主题式项目教学、多学科的主题式项目教学和超学科的主题式项目教学三种类型。

针对主题式项目教学的原则指导后续的教学设计，并结合教学系统设计的系统性、理论性与创造性、具体性和教学系统设计过程的计划性与灵活性的特点，根据选择主题，成立学习小组、合作探究、制订计划和小组分工、制作作品与交流评价的步骤，实施基于项目的小学信息技术课程教学设计方案。

# 第二节　基于WPS文字处理软件的小学信息技术项目教学设计

　　在研究现状的基础上，针对教师教学模式单一、学生在课堂教学过程中缺少自主探究的机会、学生在运用所学信息技术知识解决生活中的实际问题方面存在着困难、部分学生对信息技术课不感兴趣以及教师对学生成绩的评价方式较单一的问题，基于建构主义学习理论、杜威的实用主义教育理论、情境学习理论以及主题式项目教学的操作原则开展研究。本项目是广州市小学信息技术教科书第三册第一单元的内容，本组教材是以"心目中的广州"为专题制作电子小板报教学，主要通过学习电子小板报制作的步骤和一些制作电子小板报的技巧，学会制作电子小板报。从电子小板报素材的准备、页面设置、板报规划、刊头设计、使用文本框、输入文本、图文混排、图片剪裁、版面的修饰和调整等多个方面说明了电子小板报制作的方法，使学生了解制作电子小板报的基本要素，掌握制作电子小板报的基本步骤，学会制作电子小板报的一些知识和技巧，制作出图文并茂、精美的电子小板报。让学生在模仿学习的过程中逐渐掌握电子小板报制作的知识与技能，让学生感受使用计算机进行文字处理的乐趣。

　　以"心目中的广州"为主线制作电子小板报，让学生运用学到的知识制作图文并茂、精美的电子小板报，真正起到了学以致用的作用，提高了学生学习的兴趣。以促进信息技术与语文、美术、数学、等学科知识的融合式学习，增强学生对信息技术课的学习兴趣，提高学生文字处理、排版技巧、陶冶审美情操等综合运用能力以及学习中的合作能力和问题解决能力。

## 一、学习者特征分析

学生通过一段时间的学习，对计算机有了一定的认识，不但对计算机的应用和发展有了初步的了解，而且也掌握了一定的计算机操作，这些计算机基础知识的掌握为学习本节课的学生打下了良好的基础，学生的学习将水到渠成。

通过这节课的学习，学生要学会制作电子小板报的步骤和一些制作电子小板报的技巧，学会制作电子小板报。学生在制作电子小板报的过程中，要把学到的计算机文字处理的知识应用到实际中去，制作出图文并茂、精美的电子小板报，这将极大地激发学生学习计算机的兴趣和无穷的求知欲，使学生操作和使用计算机的能力得到更大的提高。

## 二、教学目标设计

### （一）知识与技能

（1）了解制作电子小板报的基本要素。掌握制作电子小板报的基本步骤，并能制作图文并茂的电子小板报。

（2）学会设置纸张规格，使用文本框规划电子小板报的版面，使用工具创作艺术字制作电子小板报刊头的操作。

（3）学会使用文本编辑窗口在电子小板报中插入图片、图像、卡通画，能进行图片、图画的缩放、移动，图文混排的操作。

（4）学会字体修饰，版面调整、修饰的操作。

（5）整合语文、数学、美术等学科知识制作精美小板报。

### （二）过程与方法

（1）通过学习在WPS编辑窗口中进行"心目中的广州"的电子小板报制作，掌握在WPS的环境下制作电子小板报的方法，形成使用计算机处理文字的技能。

（2）学会正确评价别人和自己的作品，体现作品的创作思想，互相促进，共同提高制作计算机作品的能力。

（三）情感态度与价值观

（1）通过使用计算机制作电子小板报，体验信息技术的文化内涵，激发和保持学习信息技术的兴趣，以积极的态度参加学习活动。

（2）发挥学生的想象力，培养学生的实践能力和创新意识，增强学生信息技术与美术、语文等学科整合的意识；

（3）培养学生与他人沟通、交流、互相学习、互相合作的精神，使学生品尝到成功的喜悦和自豪感，保持旺盛的学习计算机知识的热情与求知欲。

（4）培养学生评价的能力。

## 三、教学内容及重难点

### （一）教学内容

这节课以制作"心目中的广州"的电子小板报为例，从电子小板报素材的准备、页面设置、板报规划、刊头设计、使用文本框、输入文本、图文混排、图片剪裁、版面的修饰和调整等多个方面说明了电子小板报制作的方法，使学生了解制作电子小板报的基本要素，掌握制作电子小板报的基本步骤，学会制作电子小板报的一些知识和技巧，制作出图文并茂、精美的电子小板报，让学生在模仿学习的过程中逐渐掌握电子小板报制作的知识与技能，让学生感受使用计算机进行文字处理的乐趣。

### （二）教学重、难点

#### 1. 教学重点

（1）掌握制作电子小板报的一般方法。

（2）设置纸张的大小。

（3）文本框的使用。

（4）图片的剪裁、图文混排、版面的修饰和调整等。

#### 2. 教学难点

综合运用本节课所学习的知识，整合语文、数学、美术等学科知识，制作出图文并茂、精美的电子小板报。

### 四、教学策略与方法选择

本项目教学设计中采用讨论教学法和探究式学习策略。

#### （一）讨论教学法

讨论有助于学生对不同意见进行思考并形成新的理解。学生由于自身经验的不同，看待问题的角度也往往不同，通过讨论能够发表各自不同的意见，并且每一位参与者都有机会对自己的观点做进一步解释。学生在思想碰撞中的火花，使其对一种事物能够有多维度的认识，从而促进个人的发展和自我成长。

此外，讨论有助于思想的转变。在讨论中，学生在发表自己观点的同时，倾听他人的观点并分析正确与否，对于错误的观点予以反对，对于正确的观点予以采纳，不断完善自己的想法。当学生的一些片面看法受到同伴反对时，学生往往会得到改变。讨论有助于学生发展分析、综合以及合作的能力。学生在讨论的过程中遇到分歧，为了否定对方观点，需要综合运用之前所学的知识分析问题，从多个角度对另一方的观点提出疑问。

为了说服对方，学生需要将自己零碎的想法系统地组织起来，这有助于提升学生的逻辑思维能力。同时在讨论交流的过程中，学生还需要学会尊重、理解并包容他人的观点，掌握倾听、谅解、迁就、包容等沟通技巧。由于整个教学过程需要学生合作制作电子小板报，学生通过相互讨论来分析问题和解决问题，是一种积极建构知识的过程，能够充分发挥学生学习的主体性。大量的文献和实践表明，讨论有利于提高讨论参与者多方面能力。

#### （二）探究式学习策略

探究式学习是指为了实现一定的教学目标，在教师的引导下，学生自主建构知识、经验的活动或过程。在学习内容上，探究式学习尊重每个学生的学习兴趣与需要，选取的探究问题与学生的自身经验相关，使学生在教师的引导下，与同学合作展开探究活动。探究学习是一种知识建构的过程，每个学生由于自身经验的不同，构建知识也存在一定的差异，教师应尊重学生的差异性。注重探究学习的建构性，也就意味着情境创设在探究式学习中的重要性，而项目学习注重学习者面对真实存在的问题，在真实、复杂的情境中，有利于学习者对知识与技能的多维度思考与学习，将学生置于真实的问题情境中自主探究解决问题的过程，能促使学生的思考与主动探索，在解决问题的过程中实现对知识的自主建构。

自主探究教学法是一种对课堂教学的延伸，学生通过主动实践发现并解决问题，从而获得知识与技能。而由于个人的知识和经验是有限的，仅靠个人的力量难以完成知识建构的任务，在个人自主建构的同时，还强调不同主体间协商和合作探究的重要性。在学生合作探究和制作作品的过程中，只有通过参与共同体的协商和合作，个体的自主性才会更有意义并得到发展。

### 五、教学环境的选择与教学资源的安排

#### （一）课堂管理平台的选择

项目学习注重学生的主体性，强调学生主动探究与合作解决问题，在此过程中，教师与学生、学生与学生的互动较多。可以选择UMU、Moodle平台等，这些平台可实现教师与学生的互动，能够记录学生表现与实现学习资源的共享，学生还可参与话题讨论，适应符合项目教学的特点，学生能够在平台自主选择所需的素材，还可借助话题功能参与讨论。

#### （二）教学资源安排

（1）电子小板报素材。

可以使用教师准备好的相关素材，也可以在此基础上准备自己小组制作电子小板报需要的相关材料。

① 教师准备的以"心目中的广州"为主题的电子小板报制作相关素材，包括文字、图片等。

② 学生准备的以"心目中的广州"为主题的电子小板报制作相关素材，包括文字、图片等。

（2）小组分工表。

教师提前规定好每个角色需要做的任务，学生通过阅读小组分工表了解每个角色的职责，根据自己的兴趣与特长选择角色后履行职责。

（3）电子小板报制作量规。

教师提前规定好每个角色需要做的任务，教师将制作电子小板报过程的

要求制作成量规，学生根据量规能够规范自己的作品和行为。

（4）电子小板报范例和有关在制作电子小板报过程中可能会用到的信息技术、美术和语文的学习指导资料。

学生可根据电子小板报范例了解电子小板报版面的主要部分，当学生在学习上遇到困难或想学习拓展内容时，可根据需要下载资料学习。

## 六、教学过程设计

### （一）同组异质、组间同质

在制作小板报前，教师先创设项目学习情境：作为报刊的"主编"，在这一期，准备发行以"心目中的广州"为主题的电子小板报。由于制作电子小板报需要综合运用之前所学的WPS软件中对于电子小板报版面的设计、电子小板报名称的凸显、文稿及图片的插入和编排等设置的操作。学生需要综合运用信息技术中WPS的基本操作、美术学科中的色彩搭配和设计方法、语文学科中的写作知识、数学学科中的表格数据知识等。学生单独制作电子小板报有一定的难度，因此，课前对学生以同组异质、组间同质的原则进行异质分组，一般四人一组，小组内根据教师拟定的角色和职责自行商讨分工，组员人人平等，各司其职。小组成员的角色可以固定，也可以轮换，根据小队工作完成情况来定，小队中无领导之分，大家分工明确，各司其职。小组合作制作电子小板报的过程中，每个组员可以根据自己的特长和优势选择任务。

### （二）规划电子小板报

展示电子小板报范例，借助教材讨论一份完整的电子小板报需要搜集哪些相关的素材。指导学生说出电子小板报版面的主要部分，在课件中展示用红框标出的报刊名称、出版日期、版本、文章标题、署名、文章、图片和专栏部分，帮助学生了解电子小板报版面的主要部分。在分析、观察和讨论的过程中，培养学生独立思考、交流和表达的能力，教师对学生的回答进行引导，使学生最终掌握电子小板报版面的主要部分，规范学生电子小板报的制作过程。

学生在掌握制作电子小板报要素后，通过小组讨论进行版面设计、文字编辑、美术编辑和资料收集与汇总的规划，并进行分工。所有成员参与到制订计划的过程中，有利于学生了解项目的每一个细节，能让学生明确所要做的任务并开始尝试制作作品，小组分工能保证所有学生都承担一定角色，并履行相应的职责。

### （三）制作电子小板报

学生根据自己小组拟定的电子小板报制作方案，筛选原有材料，补充所需素材，根据电子小板报的评价量规，明确在电子小板报的制作过程中应关注哪些细节，然后根据小组分工合作完成电子小板报的制作。

版面设计：根据任务要求进行版面设计，提前设计报刊分为几个专栏，大致内容有哪些，先画出草图，再用WPS软件制作出效果图。

文字编辑：文字编辑在与版面设计沟通后，根据主题编写文字，版面设计完成后，将文字填入报刊。

美术编辑：根据已经设计好的版面，与文字编辑沟通，收集与选择素材，制作出符合主题和统一风格的图片，将美化好的图片插入报刊。

资料收集与汇总：在网络上，搜集需要的资料并进行整理，分享给其他成员，对其他三个成员的文件进行汇总与整合，制作出电子小板报。

### （四）展示交流和评价

每个小组展示、汇报自己制作的小板报，汇报的内容包括介绍主要内容，小组的成员与分工、电子小板报的制作过程、总结小组在制作电子小板报过程中的收获和不足。其他小组成员对汇报的小组成员进行提问或评价，提出自己的意见和建议。学生在汇报交流的过程中将小组的作品展示给大家，能锻炼口语表达能力、欣赏水平和审美能力。学生在评价的过程中，可发现其他同学的优点和缺点，并改进自己的作品。提问能够督促小组成员间的相互讨论与交流，有助于小组成员之间的相互学习。

本章主要介绍遵循主题式项目教学的原则，对基于项目的小学信息技术课程中制作电子小板报的内容做教学设计的过程。整个教学设计都围绕制作电子小板报的主题展开，通过小组合作学习，彰显学生的个性和特长，教学步骤的设计具有逻辑性和系统性。为了验证基于项目的教学设计方案在小学信息技术教学中的有效性，还需要在实践中检验教学效果。

## 七、项目教学设计要素及实施建议

### （一）项目教学设计的要素

### 1. 教学目标设计

在教学目标的设定上，注重项目学习跨学科的特性，根据项目主题涉及的学科，参照课程标准对各年级阶段的要求以及STEM的整合目标以学科的维度设定教学目标。

### 2. 学习者特征分析

明确学生现有的信息技术知识与技能水平、学习兴趣与态度以及一般特性，根据学习者的特征进行教学设计，并适当调整教学计划与进度。

### 3. 教学环境选择与教学资源安排

项目学习注重学生的主体性，因此，教学环境的选择应有利于学生的自主探究，让学生在项目学习过程中主动学习，完成对知识的意义建构。在教学资源的安排上，教师提供与主题相关的自主学习资源与指导资料，学生根据教师提供的资源更好地展开自主探究与小组合作活动，并根据自己的需要选择相应资源。

### 4. 教学过程设计

尊重学生的意愿，充分发挥学生的特长，对学生进行异质分组。在项目学习过程中，小组成员间的充分讨论能促进学生各方面能力的发展。在展示交流与评价阶段，其他小组成员通过对汇报小组指名提问与制作电子小板报过程有关的问题，督促学生在小组合作过程中充分讨论并检测学生对信息技术、美术、语文与数学等学科的学习情况。

### 5. 教学评价

根据教学目标设定的制作电子小板报过程量规评价学生的作品，还注重对学生小组合作与表达的评价，教师以量化的数据评价学生的学习过程。

### （二）项目教学的实施建议

### 1. 教学内容的适用性

教师选择基于项目的教学模式，需要对教学内容进行深度分析。由于项目学习强调学生综合运用知识解决问题的能力，因此，教学内容偏向于实践性强的内容，在学完某一单元的知识后开放性综合问题应用较多。

## 2. 在课前教授沟通与交流技巧

小组合作与讨论难免会出现矛盾与冲突，教师在课前应教授学生沟通与交流的相关技巧，促进小组之间更好地合作。

## 3. 教师做好引导者的角色

在项目学习过程中，教师要尊重学生的主体地位，做好引导者和促进者的角色，给学生搭好脚手架，让学生去自主探索发现问题和解决问题。

## 4. 学科教师间的协作

项目学习强调真实的问题情境，这就要求教师具备更多的专业知识。教师在实施项目学习前需要做大量的工作，从项目的确定到实施会用到多学科的知识，教师需要与其他学科教师进行深入探讨与协作，在讨论的过程中从各自学科的特点找到多学科融合的契合点，并向其他学科教师学习有关项目的专业知识。在评价部分，可由多学科教师合作评价结果。

附：

## 《制作电子小板报》教学设计

### 一、学习者分析

学生通过一段时间的学习，对计算机有了一定的认识，不但对计算机的应用和发展有了初步的了解，而且也掌握了一定的计算机操作，这些计算机基础知识的掌握为学习本节课的内容打下了良好的基础，学生的学习将水到渠成。

通过这节课的学习，学生要学会制作电子小板报的步骤和一些制作电子小板报的技巧，学会制作电子小板报。学生在制作电子小板报的过程中，要把学到的计算机文字处理的知识应用到实际中去，制作出图文并茂、精美的电子小板报，这将极大地激发学生学习计算机的兴趣和无穷的求知欲，使学生操作和使用计算机的能力得到更大的提高。

### 二、教材内容分析

#### 1. 本节的主要内容及在本章中的地位

这节课以制作"心目中的广州"的电子小板报为例，从电子小板报素材的准备、页面设置、板报规划、刊头设计、使用文本框、输入文本、图文混排、图片剪裁、版面的修饰和调整等多个方面说明了电子小板报制作的方法，使学生了解制作电子小板报的基本要素，掌握制作电子小板报的基本步骤，学会制作电子小板报的一些知识和技巧，制作出图文并茂、精美的电子小板报，让学生在模仿学习的过程中逐渐掌握电子小板报制作的知识与技能，让学生感受使用计算机进行文字处理的乐趣。

**2. 教学重点、难点**

重点：

（1）掌握制作电子小板报的一般方法。

（2）设置纸张的大小。

（3）文本框的使用。

（4）图片的剪裁、图文混排、版面的修饰和调整等。

难点：综合运用本节课所学习的知识，制作出图文并茂、精美的电子小板报。

**3. 课时安排：5课时**

**三、教学目标**

**1. 知识与技能**

（1）了解制作电子小板报的基本要素。掌握制作电子小板报的基本步骤，并能制作图文并茂的电子小板报。

（2）学会设置纸张规格，使用文本框规划电子小板报的版面，使用工具创作艺术字制作电子小板报刊头的操作。

（3）学会使用文本编辑窗口在电子小板报中插入图片、图像、卡通画，能进行图片、图画的缩放、移动，图文混排的操作。

（4）学会字体修饰，版面调整、修饰的操作。

**2. 过程与方法**

（1）通过学习在WPS编辑窗口中进行"心目中的广州"的电子小板报制作，掌握在WPS的环境下制作电子小板报的方法，形成使用计算机处理文字的技能。

（2）学会正确评价别人和自己的作品，体现作品的创作思想，互相促进，共同提高制作计算机作品的能力。

**3. 情感态度价值观**

（1）通过使用计算机制作电子小板报，体验信息技术的文化内涵，激发和保持学习信息技术的兴趣，以积极的态度参加学习活动。

（2）发挥学生的想象力，培养学生的实践能力和创新意识，信息技术与美术、语文等学科整合的意识。

（3）培养学生与他人沟通、交流的互相学习、互相合作的精神，使学生品尝到成功的喜悦和自豪感，保持旺盛的学习计算机知识的热情与求知欲。

（4）培养学生评价的能力。

**四、教学理念和方法**

本节课的学习是让学生把学到的计算机知识运用到实际生活中去，让学生运用所学到的知识制作图文并茂、精美的电子小板报，真正地起到了学以致用的作用，增强学生学习的兴趣，在教学时关注全体学生，让每一位学生都能基本掌握制作电子小板报的知识与技巧。

本节课以"任务驱动"和"讲、演、练"的教学模式进行教学，以"心目中的广州"这份电子小板报的制作为例子引入教学，激发学生学习的兴趣，让学生在愉悦的学习氛围中积极主动地学习和发挥创意。

教科书通俗易懂，操作步骤简明，学生可根据课本提示步骤自学自练，由教师或学生进行示范演示，突破难点，并在教师的指导下归纳总结一些知识与技巧，更好地激发学生学习的兴趣，培养学生自学的习惯。

**五、教学过程设计**

**1. 教学内容的组织与呈现方式**

本节课的教学内容主要包括：制作电子小板报素材的准备→设置纸张规格→电子小板报规划→刊头设计→输入文本→图文混排→修饰、调整版面→小结制作电子小板报的方法。

本节课教学内容的主要呈现方式是：以范例展示相关的操作方法与操作步骤，让学生动手实践，在学中用，用中学。充分调动学生自主学习的兴趣，重视直观教学，重视学生实践，重视教学信息反馈并及时辅导。

2.教学过程（表4-2-1～表4-2-5）

表4-2-1　第一课时

| 教学环节 | 教师教学 | 学生活动 | 设计意图 |
|---|---|---|---|
| 激趣引入 | 1.同学们，请打开你们课前准备好的报纸，我们一起来观察一下，报纸里面都有一些什么内容。<br>2.汇报小结：哪位同学来汇报一下，电子小板报有些什么内容呢？<br>3.同学们观察得可真仔细，除了同学们小结的内容，电子小板报的制作还应该围绕着主题去选择相关的文字和图片。今天我们一起来学习如何制作一份完整的电子小板报 | 自己观察一下电子小板报有些什么内容。<br><br>有刊头、出版单位、责任编辑、出版时间、图片、文字、装饰图案 | 让学生通过观察，在脑海中初步形成一份完整的电子小板报所需的元素 |
| 探究新知 | （一）电子小板报素材的准备<br>1.小组内讨论一下，我们要制作一份完整的电子小板报，需要搜集哪些相关的资料？<br>2.小组学习汇报。<br>3.师生共同小结：<br>一份完整的电子小板报素材的准备：<br>围绕主题，搜集有关的信息（包括文本、图片、图案等），并进行适当的处理，形成制作电子小板报的素材。<br>4.展示"心目中的广州"的素材（包括三个文本文件和四张图片）。<br>（二）设置纸张规格<br>1.制作电子小板报我们首先要确定板报的规格大小，也就是选用纸张规格的尺寸。例如我们现在选的是A3纸。<br>2.师示范操作设置A3纸张的步骤。<br>3.学生模仿操作。<br>4.师生共同小结设置纸张规格的方法和步骤。<br>（三）电子小板报的规划<br>1.让学生打开名为"心目中的广州"的文件，请学生把整段文字从左边移动到右边。<br>2.可以移动吗？<br>3.老师有一个好办法，同学们想学吗？那就是使用文本框。今天我们就一起来学习相关的知识。 | 小组活动。<br><br><br>小组学习汇报。<br>小结如何准备素材。<br><br><br><br>认真观察老师的操作。<br>模仿老师的操作。学生汇报。<br><br><br>尝试操作。<br><br><br>回答问题。 | 通过小组活动，让学生初步疏理出一份完整电子小板报所需的资料。<br><br><br>给学生一个完整的知识结构。 |

| 教学环节 | 教师教学 | 学生活动 | 设计意图 |
|---|---|---|---|
| 探究新知 | 4.制作电子小板报时要使用文本框对刊登的文本、图片做出版面的规划。<br>5.示范操作如何插入文本框：<br>（1）打开名为"心目中的广州"的电子小板报。<br>（2）单击工具栏的"插入文本框"图标。<br>（3）选定文本框，单击右键选择"对象属性"，选择"版式"将栏数改为2。<br>6.模仿操作。<br>7.指名汇报放大或缩小文本框的方法 | 认真观察老师的操作，并注意鼠标当前指针的变化。<br><br><br><br>模仿操作 | 让学生尝试操作失败，引发学习的需要。<br><br>演示操作，让学生初步有一个整体的认知结构 |
| 巩固应用 | 练习：<br>1.设置纸张的规格为A4、B5。（任选一种）<br>2.再将纸张的规格设为A3。<br>3.搜集、处理有关"心目中的广州"的资料，准备制作电子小板报。<br>4.确定电子小板报的内容。<br>5.按自己所确定的电子小板报的规划，设计好电子小板报的版面 | 上机练习，巩固新知 | 通过练习巩固所学的知识 |
| 小结评价 | 1.师生再次共同归纳小结设置纸张规格的方法。<br>2.重温一份完整的电子小板报所包含的内容。<br>3.总结如何进行素材的搜集和整理 | 汇报小结 | |

表4-2-2　第二课时

| 教学环节 | 教师教学 | 学生活动 | 设计意图 |
|---|---|---|---|
| 激趣引入 | 1.出示风格不同的电子小板报，让学生观察，思考：<br>（1）你最喜欢哪幅电子小板报？<br>（2）你最喜欢的电子小板报在刊头的设计和版面的设计上有哪些地方是你最欣赏的？ | 认真观察。<br><br>在小组内各抒己见 | 让学生在欣赏电子小板报的同时，对后续要设计的电子小板报在刊头以及版面的设计上有一个初步的想法 |

第四章

项目教学法在小学信息技术课程教学中的应用

| 教学环节 | 教师教学 | 学生活动 | 设计意图 |
|---|---|---|---|
| 探究新知 | （一）刊头的设计<br>1.一张电子小板报必须有一个好的刊头。下面请你们以小组为单位，借助书本学习一下怎样去设计"心目中的广州"的刊头标题。<br>2.小组汇报学习。<br>3.师生共同小结设计刊头的操作方法。<br>4.刊头题目我们设计好了，那如何在文本框中输入文本呢？同学们，你们有信心自己借助书本去学习吗？<br>5.指名汇报学习。<br>6.师生共同小结输入文本的方法。<br>7.输入文本的方法不止一种，我们选用其中的一种就可以了 | 小组活动。<br><br><br><br>汇报学习。<br>思考：还有没有别的操作方法？<br><br><br>有。（学生借助书本自主学习）<br>小结输入文本的方法 | 让学生通过探究活动，设计好电子小板报的刊头。<br><br>培养学生自学的能力 |
| 巩固应用 | 1.现在，同学们可以继续输入其他的文字，初步设计、美化一下我们主题为"心目中的广州"的电子小板报。<br>2.展示初步设计和美化好的电子小板报进行汇报评价（师评、生评） | 学生操作练习。从刊头设计和版面的设计这两方面进行评价 | 通过综合练习，巩固今天所学知识。<br>通过评价活动，让学生欣赏别人的作品，修正自己的电子小板报 |
| 小结评价 | 1.通过这天的学习，你有什么收获？<br>2.师生共同小结操作步骤 | 学生畅所欲言 | — |

表4-2-3　第三课时

| 教学环节 | 教师教学 | 学生活动 | 设计意图 |
|---|---|---|---|
| 激趣引入 | 1.出示两幅电子小板报（第一幅图片未经任何处理，文字和图片排版比较死板；第二幅图片经过剪裁，图文混排）：同学们你们认为哪幅电子小板报的画面更美观？<br>2.其实第二幅电子小板报运用了图片剪裁和图文混排的操作，画面更美观 | 讨论、畅所欲言，评价这两幅电子小板报 | 让学生通过评价，感受到图文并茂的那幅电子小板报画面更为美观。<br>引发学生学习新知的内在需要 |

| 教学环节 | 教师教学 | 学生活动 | 设计意图 |
|---|---|---|---|
| 探究新知 | （一）学习裁剪图片的操作方法<br>1.让学生以小组为单位，由小组长组织进行小组探究学习，围绕课本，借助辅学软件，进行小组活动。<br>2.通过活动在小组内解决以下问题：<br>（1）在对图片进行剪裁处理，必须先注意些什么？<br>（2）如何对图片进行椭圆形、矩形、正多边形、五角形的剪裁？<br>（3）怎样从剪裁的图片回到原图片？<br>3.提醒学生注意鼠标当前状态的变化，并注意把初步学到的知识组织成有条理的语言。<br>4.小组汇报学习。（根据学生的汇报板书操作步骤）<br><br><br><br>5.请其他小组的同学评价汇报小组同学的汇报发言。<br><br><br>6.在学习的过程中，你还遇到哪些困难？<br>7.哪位同学可以帮忙解决一下？<br>8.在进行图片剪裁操作前，必须要注意什么？<br>9.师演示五角形的剪裁操作，让学生观察与其他几种图片剪裁方法的不同。<br>10.请学生模仿操作。<br>11.如果剪裁错了，怎样回到原图？<br>12.下面请将练习的四幅图，挑选你最喜欢的裁剪形状，进行图片裁剪。<br>（二）学习图文混排的操作<br>1.刚才我们进行了图片的裁剪，同学都学得很认真、很好，现在我们一起来看看这几幅电子小板报，在文字和图片的编排上有什么不同？ | 小组学习活动，争取在小组内解决学习过程中所发现的问题。<br><br>仔细观察，整理归纳通过小组探究活动后所学的知识点。<br><br><br>小组内推选两位代表，一位小结操作方法，另一位演示操作，在汇报的过程中小组内的同学还可以进行补充。<br><br><br>评价汇报小组的学习活动。<br>个人提出在小组探究活动中，解决不了问题。<br><br><br>选定图片。<br>认真观察老师的操作。<br>模仿操作。<br>示范操作。<br>动手操作，在操作过程中，如有疑问还可以及时提出。<br>观察并思考图文混排的方式。 | 把学习的主动权还给学生，让学生通过小组探究学习，学习新的知识点，从中培养学生的团队意识和协作精神。<br><br><br><br>培养学生仔细观察的能力和口头表达能力。<br><br><br>通过小组互评，提高学生学习的积极性。<br><br>再次强调操作前要注意的操作，强化学生的操作意识。<br><br><br>教师演示最难的图片剪裁操作，让学生模仿操作，解决知识的难点。<br><br>通过练习，对学生所学知识点进行及时的反馈，以了解学生对知识点的掌握程度。 |

第四章　项目教学法在小学信息技术课程教学中的应用

| 教学环节 | 教师教学 | 学生活动 | 设计意图 |
|---|---|---|---|
| 探究新知 | 2.怎样将刚才我们进行裁剪的其中一幅图片插入到文本框里呢？请同学们自己打开书本，上机进行操作。<br>3.指名汇报演示。<br>4.师生共同小结插入图片的操作。<br>5.怎样移动图片？（提醒学生注意当前鼠标指针的状态）<br>6.你认为这幅电子小板报在构图上还可以有哪些改进？<br>7.对，我们还可以对文本框内的文段和图片进行绕排，绕排的方式一共有五种，同学们可观察一下这五种绕排方式有什么不同？你们可以挑选一两种试试。<br>8.在进行图文混排时要注意些什么问题？<br>9.下面请同学们尝试一下其他几种不同的绕排方式的操作 | 自主探究学习。遇到困难可同位互相讨论一下。评价学生的操作演示。<br><br>演示操作。<br>讨论、畅所欲言，提出美化电子小板报的想法。<br><br>动手尝试操作。<br><br>选定图片，单击鼠标右键，然后再选择绕排的方式 | 通过直观的观察，让学生了解图文混排的几种不同排版版式。<br><br>让学生自主探究新知，掌握插入图片的方法。<br><br>引发学生学习图文混排的需要 |
| 巩固练习 | 在图库中选择几幅图片进行剪裁后，插入文段里并进行图文绕排（给学生提供几种不同题材的文段和图片，让学生自己选择完成操作） | 动手操作练习 | 以任务驱动的方式，让学生通过练习再次巩固所学到的新知 |
| 小结评价 | 通过今天的学习，同学们学会了哪些知识点？（同位互讲）你有什么收获？ | 自评，生生评 | 通过评价，促进学生的学习行为 |

表4-2-4　第四课时

| 教学环节 | 教师教学 | 学生活动 | 设计意图 |
|---|---|---|---|
| 激趣引入 | 1.出示几幅电子小板报，让学生进行比较。（其中一幅进行了版面的修饰和调整）<br>2.老师也认为这幅经过版面修饰和调整的电子小板报在构图和颜色的搭配上最漂亮。<br>3.同学想学习这些操作吗？今天我们就一起来学习这些操作，希望通过今天的学习，进一步美化我们上节课所完成的电子小板报 | 让学生评价电子小板报，说出评价的理由 | 引发学生学习新知的需要 |

| 教学环节 | 教师教学 | 学生活动 | 设计意图 |
|---|---|---|---|
| 探究新知 | （一）学习设置背景纹理<br>1.教师示范教学，通过广播演示设置"背景图片"的操作步骤。<br>2.请你为你的电子小板报选择一个合适的背景。<br>3.小组讨论：<br>（1）除了选择菜单栏中的"格式"菜单进行页面背景设置这种方法外，还有其他方法吗？<br>（2）如果设置了一个不满意的背景，如何清除？<br>4.学生作品展示。<br>5.归纳小结：教师在学生展示操作方法的同时进行板书。<br>6.思考：设置背景的目的是什么？<br>7.那如何设置"背景纹理"或"背景渐变"等效果呢？同学们可借助书本，同位互相探讨一下。<br>8.汇报，解疑。<br>9.继续美化我们所制作的电子小板报。<br>10.师生共同小结设置背景的操作方法。<br>（二）学习文本框框线、底色的设置<br>1.大家为板报设置了不同的背景，美化了我们的电子小板报，如果我们对文本框进行修饰的话，可以使我们的电子小板报看起来更加赏心悦目。<br>2.教师示范操作：设置文本框"我爱广州"的框线为粉红色，宽度8.0、59类型的花边。<br>3.下面同学根据自己的喜好，对"心目中的广州"这幅电子小板报的文本框的框线进行设置。<br>4.汇报小结设置文本框框线的方法。<br>5.那同学们能以小组为单位，自己去探究一下文本框底色的设置吗？<br>6.哪个小组汇报一下，设置文本框底色的操作方法？ | 认真观察老师的示范操作。<br>模仿操作。<br>可通过上机实操或看书质疑解决小组讨论的问题。<br><br><br><br><br>展示部分学生作品。<br>边进行操作示范边小结。<br>美化电子小板报。<br>学生自学。<br>学生汇报。<br>修改完善作品。<br>认真观察老师的操作。<br>模仿操作。<br><br><br><br>小结设置文本框框线的方法。<br>小组协作学习。 | 给学生一个整体的知识框架，通过观察老师的示范操作，学会这种操作知识和技巧。<br>让学生进行自主学习，利用集体的力量，解决在学习过程中遇到的困难。<br><br><br><br><br><br>学生自主探究学习。<br><br>通过认真观察模仿老师的操作，掌握新知。<br><br><br>给学生一个完整的知识结构 |

第四章

项目教学法在小学信息技术课程教学中的应用

| 教学环节 | 教师教学 | 学生活动 | 设计意图 |
|---|---|---|---|
| 探究新知 | 7.归纳小结：设置文本框底色的操作方法。<br>8.当我们要浏览整张电子小板报时，有什么方法？<br>9.师生共同小结设置文本框框线和底色的操作方法 | 小组学习汇报。<br>指名汇报。<br>演示操作。<br>归纳操作方法 | |
| 巩固练习 | 1.利用所学的知识和技巧，继续修饰和润色自己的电子小板报。<br>2.学生互动交流 | 美化自己的电子小板报。<br>欣赏其他同学的作品 | |
| 小结评价 | 1.通过今天的学习，你有什么收获？<br>2.师生共同小结制作一张电子小板报的过程 | 谈收获，畅所欲言。<br>1.围绕电子小板报主题，搜集、处理信息，准备素材。<br>2.启动"金山文字"，根据电子小板报的大小设置纸张规格。<br>3.使用文本框对电子小板报刊登的文本、图片做出版面规划。<br>4.设计刊头，包括刊头标题、出版单位、编者、出版日期等。<br>5.输入电子小板报文字内容，排版编辑，文字修饰。<br>6.插入图片，剪裁图片，图文混排。<br>7.修饰、调整版面，使电子小板报更美观 | 让学生清晰地了解制作电子小板报的全过程 |

表4-2-5　第五课时

| 教学环节 | 教师教学 | 学生活动 | 设计意图 |
|---|---|---|---|
| 复习引入 | 1.同学们，上几节课我们学习了如何去制作一份电子小板报，你们还记得一份完整的电子小板报的制作过程吗？<br>2.看来同学们都对如何制作一份完整的电子小板报有了一定的心得，今天，我们以小组为单位，一起来制作一份电子小板报 | 小结制作电子小板报的过程 | 再次强调制作一份完整电子小板报的过程，为后续的主题活动打下基础 |
| 主题活动 | （一）小组商定电子小板报的主题<br>1.各组同学进行分工。<br>2.下面，请各组的同学商讨一下，从下面三个主题中挑选一个主题作为你们组准备制作的电子小板报的主题。<br>（1）宣传北京奥运会。<br>（2）人与自然。<br>（3）反映校园生活。<br>（二）选定主题，制作电子小板报。<br>1.小组里商量一下如何制作这份电子小板报。<br>2.小组内商量好了如何制作这份电子小板报后，各组同学可以根据分工去制作这份电子小板报了。（提醒学生所需的资料可以从网上下载，也可以是原创的，根据自己小组的需要去准备素材。）<br>3.学生根据拟定的主题制作电子小板报。<br>4.师巡视，对需要帮助的小组给予帮助 | 在组内根据自己的特长进行分工。<br><br>小组协商定出一个主题。<br><br>小组内商量一下制作这份电子小板报所需的素材以及初步设计小板报的刊头和版面。<br>根据小组分工，共同制作电子小板报 | 让学生根据自己的特长在组内进行分工，目的是让组内每个学生都能发挥自己的特长，积极参与电子小板报的制作。<br><br>通过小组的商讨定出如何去制作这份电子小板报，让学生有目的地去参与电子小板报的制作。<br><br>按学生的特长进行分工后，提高制作电子小板报的效率 |
| 成果交流 | 1.看来各组同学都十分积极地去制作这份电子小板报，现在请每个小组来展示一下自己小组的小板报，并汇报一下：<br>（1）你们小组的分工是怎样的？<br>（2）你们认为你们小组制作的这份电子小板报有什么特色？<br>（3）运用了我们所学过的什么技巧？ | 小组活动。 | 让学生再次回顾制作电子小板报的过程，重温制作电子小板报的步骤，增强小组的凝聚力 |

113

| 教学环节 | 教师教学 | 学生活动 | 设计意图 |
|---|---|---|---|
| 成果交流 | 2.小组汇报交流，其他小组进行评价。<br>3.小组内商讨如何去润色自己小组所制作的电子小板报。<br>4.继续润色自己小组的作品 | 小组汇报。<br><br><br>小组活动 | |
| 小结评价 | 1.今天在制作这份电子小板报的过程中，你充当了什么角色?<br>2.你为小组做了哪些贡献?<br>3.你的感受如何?<br>4.你觉得你们小组哪位同学做得最好，为什么? | 评价活动 | 让学生在肯定自己的同时，看到其他组员的长处，欣赏别人的贡献 |

**3. 教学评价**

（1）掌握电子小板报制作的方法。

（2）能按给定的电子小板报主题、文字资料、图片素材以及一定的格式要求组织成一份电子小板报。

（3）按给定的电子小板报主题的范围，学生可自定主题，自行寻找、创作、组织文字资料和图片素材等，制作出多种样式的电子小板报。

（4）学生作品评价标准（表4-2-6～表4-2-8）：

① 主题与内容是否和谐统一。

② 制作方法和技巧是否多样得当。

③ 色彩协调大方，版面设计美观。

④ 符合儿童心理特征，是学生自己的作品。

（5）评价主要采用自评、互评、师评等方式，着重对学习过程的评价与终结性评价相结合，让学生在评价的过程中，形成尊重他人、发现别人长处、欣赏别人、互相学习、共同提高的良好品质，让学生在评价活动中有所收获、有所进步。

附:

表4-2-6  学生个人表现评价表

| 内　容 | 星　级　评　价 |
|---|---|
| 学习成果 | ☆　☆　☆　☆　☆ |
| 敢想、敢问、敢为 | ☆　☆　☆　☆　☆ |
| 表达能力 | ☆　☆　☆　☆　☆ |
| 自我调控能力 | ☆　☆　☆　☆　☆ |
| 对其他同学的帮助 | ☆　☆　☆　☆　☆ |
| 参与小组计划的讨论和决策的制定 | ☆　☆　☆　☆　☆ |
| 鼓励其他人的参与 | ☆　☆　☆　☆　☆ |
| 正确评价他人的工作或作品 | ☆　☆　☆　☆　☆ |
| 完成自己分内的工作 | ☆　☆　☆　☆　☆ |
| 对大家的观点进行综合分析 | ☆　☆　☆　☆　☆ |
| 乐于成为合作小组的成员，工作积极 | ☆　☆　☆　☆　☆ |
| 尊重他人及其工作 | ☆　☆　☆　☆　☆ |
| 对他人的帮助 | ☆　☆　☆　☆　☆ |
| 乐于与合作伙伴进行交流探讨，共同学习 | ☆　☆　☆　☆　☆ |
| 虚心听取其他人意见 | ☆　☆　☆　☆　☆ |

表4-2-7  小组合作活动评价表

| 班级 | | 组别 | | 组长 | |
|---|---|---|---|---|---|
| 小组成员 | | | | | |
| 活动主题 | | | | | |
| 活动目的（你们想知道什么） | | | | | |
| 活动设想（你们想如何去做） | | | | | |
| 小组分工（根据个人特长，安排活动内容） | | | | | |
| 活动的预期成果（你们想以什么形式来表达） | | | | | |

表4-2-8  作品评价表

| 内 容 | 评 价 |
|---|---|
| 作品主题清晰，明确 | ☆ ☆ ☆ ☆ ☆ |
| 作品内容紧扣学习主题 | ☆ ☆ ☆ ☆ ☆ |
| 作品内容正确 | ☆ ☆ ☆ ☆ ☆ |
| 作品内容能反映对所学知识的灵活应用 | ☆ ☆ ☆ ☆ ☆ |
| 作品内容充实 | ☆ ☆ ☆ ☆ ☆ |
| 作品表现形式具有特色 | ☆ ☆ ☆ ☆ ☆ |
| 作品思路清晰，层次分明 | ☆ ☆ ☆ ☆ ☆ |
| 作品汇报表达清楚 | ☆ ☆ ☆ ☆ ☆ |
| 作品演示效果 | ☆ ☆ ☆ ☆ ☆ |
| 资源经过一定的筛选、加工和处理 | ☆ ☆ ☆ ☆ ☆ |
| 资源与内容搭配合理 | ☆ ☆ ☆ ☆ ☆ |
| 资源具有多样性 | ☆ ☆ ☆ ☆ ☆ |
| 能够综合利用、整合资源 | ☆ ☆ ☆ ☆ ☆ |

**4.教学资源**

（1）各知识点的归纳。

（2）各知识点的范例与操作步骤。

**六、教学反思**

本节课教师精心设计学生活动，让学生亲身感受并体验知识发现的过程，为学生营造了一个良好的自主学习环境，学生通过认真观察→模仿操作→归纳小结→独立练习的形式进行自主学习。在学习的过程中努力做到"讲、演、思、议、练、评"的和谐统一，采用了讲授法、探究法、演示法和练习法等多种教学方法的优化组合，充分调动学生参与活动的积极性，引导学生主动探究。通过互相讨论、合作学习，培养学生互助精神和团队精神，课堂的教学质量得到了有效的提高。

在学生进行小组合作学习时，充分注意小组成员有明确的分工，职责分明，既有分工又合作，让学生在交流和合作中得到提高，在评价活动（自评、互评）中得到提升，学生都能从愉悦的氛围中学习本课的知识，并能利用所学到的知识制作一份切合主题、精美的小板报。

如果本节课还可以安排课时的话，建议安排一些与学生生活密切相关或富有浓厚童趣味的主题，激发学生创作的欲望，让学生综合运用所学到的知识，创作出具有独特风格的小板报。

# 创客教育背景下小学信息技术教学发展

在"互联网+"和新兴科技发展的大背景下，创客运动在教育界掀起了一股热潮，创客教育也应运而生。创客教育主张以人为本，以兴趣为导向，在做中学，激发学生的学习兴趣，培养学生的创新思维。教育者们也以其各自的方式纷纷参与到这场创客运动中来，创客教育的兴起一定会对我国的教育产生深远的影响。传统的教学理念是以教师为中心的教师讲学生学的"填鸭式"教育模式，然而当代教育理念提倡的是以学生为中心的探究式教学模式，创客教育理念正贯彻了这一理念。小学信息技术课是以学生的动手操作为主习得技能的一门实践类课程，所以将创客教育理念与小学信息技术学科融合在一起，开发出一种新的教学模式，增强学生的创新能力，培养学生的创新思维，是改善我国小学信息技术课教学现状的最好途径。

# 第一节　创客与创客教育

## 一、概念阐述

"创客"这个词来源于英语单词"maker"，是指出于个人兴趣与爱好，自愿把各种想法和创意转变为实际事物和现实的人，这是互联网上流行最广泛的一种说法。

创客教育是目前中小学教育中综合性强、涉猎面广、创新性突出的课程。

随着创客教育的不断深入，学生不再是被动的知识接受者，而是身兼科学家、发明家等多重角色。创客教育所倡导的提出问题并利用自己的创造力解决问题的过程，对学生能力的培养至关重要。虽然创客教育不直接教授学生基础知识，但在"创客"的过程中，学生综合运用信息技术、语文、数学、美术、音乐等多学科的知识，实现跨学科的多维发展。学生在接受创客教育的过程中，会充分发掘个人的综合储备知识，利用各种学科知识，由最初的被动接受知识，变成主动探索研究，利用知识解决问题。

## 二、创客教育的特征

### （一）多维性

依托创客环境平台，学习过程不再单纯围绕既定教材相关信息展开，开始主张加入一些其他元素的内容。它要求受教育群体兼顾抽象学理知识、应用技能的发展目标，必须主动思索及落实，同周边群体进行互动，并在执行期间认识和提升内在创造水准。这将对其执行力、集体契约精神起到强化作用，也从侧面反映出创客教育携带多元培训使命的特征。

### （二）融合性

创客教育实现了多学科之间的相互融合，具有融合性。创客教育是以课程设计与应用实现创客活动的。与传统的教学活动相比，它打破了学科界限，不再局限于单一的课程模式，而是融合不同学科和不同技能的综合性课程模式。

### （三）挑战性

创客教育围绕受教育群体爱好，充分发掘其参与热情，促进相关群体自觉参与，以高度集中的注意力完成具体任务。涵盖多类科目的课题最有价值，容易调动受教育对象以往接触到的广泛知识，并将其转化为执行力。这也意味着高阶思维得到训练，深挖个体创新性。

### （三）开放性

创客教育平台内，受教育对象接触到的情境相对宽泛，而有关资源也来自开放背景，他们迎接的学习考验基本是综合的、内涵不确切的劣构性问题，因此受教育群体务必相对理性地分析、筛选所采用的材料、技术要素。

### （四）研创性

创客教育关注体验式学习和做中学，随着"互联网+"的不断发展，各种新科技不断涌现，学生不再是被动的学习者，他们可以利用这些新技术去研究新事物，体验学习研究的过程，在学中做，在做中学，通过学习—研究—创新，去解决实际问题，创造新的知识和智力产品。

### （五）多样化

创客教育不管任何年龄段、何种教育层次，只要给出契合的课题，情境、资源也符合要求，便能够进行创客培训活动。它不存在设限问题，基本上所有科目都能够引入创客授课模式。在各授课环境内开辟创客角落，加强教师的辅助作用，形成互动关联，共同探索新兴事物规律，并取得直观收获。

## 三、创客教学模式及特点

传统的教学模式主要以应试教育为主，主要的教学方式就是教师讲，学生被动地听，是一种"填鸭式"的教学模式，教师比较在意的是学生的考试成绩，这种教学模式在很大程度上限制了学生的想象力和创新思维，限制了学生的个性发展。基础教育改革促进了基于创客教学理念的教学模式的诞生，创客教学模式注重培养学生的创新操作能力和创新思维，让学生个性化发展，都能成为小创客。

（1）健康、活泼、富有成效的新型课堂。鼓舞人心的新型课堂应该是让学生拥有一个健康的心理，课堂氛围应该是轻松活跃的，并且课堂应该是富有成效的，让学生有所学、有所收获。

（2）民主、和谐、充满友情的师生关系。新型课堂的师生关系应该是民主的、平等的，教师在课堂上更多的是充当组织者，教师是师生互动的协作者，学生在课堂上有问题可以随时向教师请教，教师是学生学习和成长的促进者，创客教学模式下的课堂应该让学生感觉老师是他们学习的伙伴，有问题是可以和老师沟通交流的，而不是惧怕在课堂上向老师提问。

（3）自主、合作、基于创造的学习方式。创客教学模式更注重的是培养学生的创新能力，在这个过程中，学生应该学会与同伴的互助协作学习，在必要的时候可能需要教师的适当指导。自主合作探究的学习方式是现在的新型课堂所提倡的，可以培养学生的合作能力，同时弥补自身的不足，这种教学方式与新课程改革的教学方式相吻合，目的都是培养学生与他人的合作能力以及提升学生的创新思维。

# 第二节 创客教育与小学
# 信息技术课程教学

## 一、创客教育背景下的小学信息技术课教学模式构成要素

根据乔伊斯和威尔的教学模式理论，创客教学模式有五个核心构成要素，分别是指导理念、教学目标、教学过程、教学评价和实践条件。接下来，对创客教学模式的五要素进行逐一分析。

### （一）指导理念

任何一种教学模式都离不开指导思想，创客教学模式也是如此。创客教学模式的指导理念以创新教育、从做中学、快乐教育、多元智能等理论为基础，并与其有机地结合在一起，以达到相应的教学目标。

### 1.创新教育

创新教育是以培养人的创新精神和创新能力为基本价值取向的教育，其核心在于培养学生的创新品质。在全面实施素质教育的过程中，研究和解决在基础教育中如何培养学生的创新意识、创新精神和创新能力的问题。创新教育包含以下四个方面的内容：①创新意识。学生具有创新意识，才会产生创新动机，才会想去创新，它就像是干涸土地中的一汪水，为植物的生长提供强大的动力。在创新意识的领导下，学生们能积极地为自己定下小目标，进而激发巨大的潜能。②创新思维。在创新的整体架构中，创新思维居于核心位置，有着至关重要的作用。③创新技能。创新技能反映的是学生在动手操作中的技巧，是一种动作能力。在实际教育教学过程中，教师应该注重学生的实际动手操作，并着重对操作中的技巧进行加强训练。④创新情感。当

一个学生具备了创新情感，说明他认可和赞同创新活动。在此过程中他也定会将热情投入到创新活动中去，有了创新情感，相信创新这艘巨轮会驶向更辽阔的海洋。

### 2. 快乐教育

快乐教育就是课堂上教师快乐地教，学生快乐地学，整堂课都在愉快、轻松的氛围中度过。让学生能够快乐学的前提是学生要对本堂课的教学内容感兴趣，拥有了学习的热情，才能提高学习效率。创客教学模式从最开始的情境导入，到最后的分享交流、作品完善，整个过程都让学生保持学习的热情，让他们认为自己是课堂的主人，赋予他们更多的自由，让他们体验到成就感，把课堂真正归还给他们，让他们尽情地享受创造的乐趣。所以说，创客教育的本质就是让学生快乐地学，解放孩子们的天性，让他们喜欢上课，让他们从做中学，从玩中学。

### （二）教学目标

基于创客理念的小学信息技术课程的教学，在提升学生信息素养的基础上提出了更高的要求，体现在如下三个方面：

（1）在知识与技能方面，了解信息技术的发展方向和未来的发展趋势；能熟练地使用常用信息技术操作工具和实用软件，形成自主学习和探索信息技术的能力，能适应信息技术的发展变化。针对这一目标，教师要努力让学生明白"学生是学习的主人"的道理，从教师的教转移到学生的学上面，让学生能够承担起独立学习的责任，深刻认识到学习与自己的日常生活紧密相连。

（2）在过程与方法方面，需要具备信息处理的多元化能力。因此要强调对信息与信息活动的过程、方法、结果进行综合评价的能力；发表观点，交流思想，开展多学科合作并解决学习和生活、生产中遇到的实际问题的能力。通过探究这个途径来打开思路，寻求方法，获取知识，形成处理能力，进而培养创新能力，提升创新思维。

（3）在情感态度与价值观方面，除了要健康、安全地使用信息技术获取知识，还要注意作品在色彩搭配上的美感，除此之外，要拥有积极主动的学习态度，有感于创新、勇于创新的想法。

（三）教学过程

创客教学模式的教学过程就是指在创客教学模式的实施环境下，根据已经搭建好的合理的创客教学模式，将教学活动中的各个因素按照一定的顺序，正确合理地组合在一起。

1. 创设情境，展示作品

基于建构主义学习理论的观点，在学习活动中，学生作为学习的主体不再被动地接受老师所传授的知识，主动将所学知识与经验有机结合。因此激发学生的学习兴趣显得尤为重要，激发起学生学习兴趣能很好地培养学生的创新意识又让学生产生创新能力的源动力。在新授课前教师创设的情境最好与日常生活密切相关，与学生的情感联系起来，这样便于学生对知识的理解，又能很好地激发学生的学习兴趣。

2. 头脑风暴，探究作品

作品展示后，学生通过观察分析、交流思考会发现所要研究事物的本质，并且学生会分析之前所学过的旧知识与新知识之间的联系，此环节学生会大胆设想，思考"为什么"和"怎么做"，并且敢于大胆说出自己的想法。在创客教学模式中，该环节至关重要，创客教学模式的最终目的就是激发学生的创新意识，提升学生的创新思维，培养学生的创新能力，探究作品环节能够让学生思路清晰地分析问题。

3. 合作学习，创作准备

信息技术课对于学生的作品没有唯一的标准和要求，所以学生的作品是不尽相同的，合作学习阶段就是让学生知道要完成任务，自己在哪些地方还存在问题，还有什么问题需要解决，让学生知道自己还有什么知识需要学习。该阶段学生会根据老师给出的学习素材进行合作学习，教师在必要的时候给出指导，为学生释疑解惑，在讲解的时候教师应该明确重难点。此环节为下一个环节学习奠定了基础，当把创作中需要解决的问题都解决掉后，学生也增强了学习的自信心，更愿意投入到学习中去。

4. 自由模仿，构思创意

自由模仿能够让学生将新旧知识很好地结合起来，此环节教师需要放手让学生自己去创作，训练学生的创新操作技能。操作技能是指创造主体有意识地调节自身的一系列外部动作并作用于学习环境。"自由模仿，构思创意"环节能够反映学生的动手实践能力，也是创新能力的重要体现。在学生模仿教师提供的作品时，教师应引导学生对现有作品功能进行模仿，让学生学会动脑思考、举一反三，而不是完全复制老师的作品。

### 5.分享交流，合作创作

分享交流是评价的一种形式，引导学生分享、交流，对别人的作品提出自己的中肯建议，对别人提的建议能够认真思考，这是一种很好的习惯。由于课堂时间有限，课堂上学生展示的作品数量可能也有限制，教师可以让学生把做好的作品上传到平台上，课后教师需要对学生的作品进行检查并做评价记录下来，及时给学生反馈。课堂上得到建议和反馈的同学，可以通过小组协作的方式对作品进行修改，以实现创作的优化，达到"创学"。

### 6.再次创作，完善优化

学生通过教师和同学对作品的评价以及给出的修改建议，可以进一步改进作品。学生在修改完善作品的过程中，能够根据老师和同学所提的建议进行思考，集合所有人的智慧，这样做出来的作品才是最好的，与此同时学生也开拓了思维，学会接受别人的建议。对学生而言，再次创作，完善优化这一步是非常有必要的。

### （四）教学评价

教学评价是指在课堂上依据特定的教学目标、遵循特定的评价原则对整堂课的教学过程及结果进行判断的活动。教学评价是研究课堂上教师的教和学生的学的价值的过程，教学评价一般包括诸多因素，如教学过程中的教学内容、教学方法、教学环境等，但最重要的还是对学生学习效果和教师教学过程的评价。基于创客教学理念的课堂教学评价主要是评价学生在创新操作能力和创新思维两个方面的情况。

### 1.创新操作能力

教师通过关注学生最终设计出来的作品的创意度以及对其他同学作品的评价来判断学生的创新操作能力是否有所提高，教师主要是基于对本节课学生学习过程的观察、记录、反思做出相应的评价，其目的是明确基于创客教育的教学模式还存在哪些不足，并及时调整活动计划，及时改进，期待取得更好的教学效果。课堂教学结束后，教师还要根据学生作品的质量对这节课做出总结性评价，检验学生的学习是否达到了预期的目标，在创新能力方面是否有提高。

### 2. 创新思维

在创客教学活动中，教学评价不仅仅是传统意义上教师对学生的评价，也包括学生互评、学生自评，在创客教学活动中学生创新思维的提升主要体现在生生评价上，在作品展示环节，学生会对他人的作品进行评价，在这个过程中，教师应该充分尊重学生的主体地位，考虑学生提出的建议是否合理，是否在创新方面有很大的提高，并及时给予适当的肯定或者指导。

### （五）实践条件

实践条件根据字义便可推断出是创新在教育实践中能够实施的前提条件。与创新相融合的教育教学是一个非常复杂的程序，在设计的过程中要考虑诸多相互作用的因素，因此对这些要素进行分析和确定是创客教育在教学设计时必不可少的一个步骤。教学设计中有三个方面的因素：教师教学观念的转变、以学生为主体和搭建创客学习环境。

### 1. 教师教学观念的转变

传统的教学模式中，教师的教学观念就是教师讲，学生被动地听，教师是知识的传授者，在课堂上占据核心地位。而创客教学模式要求教师把课堂归还给学生，以学生为主、教师为辅的原则，辅导学生完成作品创作。在小组合作探究的过程中教师要积极对其进行指导，让学生获得小组合作、师生交流的乐趣，进而在班级中形成良好的合作氛围。因此，创客教学模式要求教师必须转变教学观念，真正做到把课堂归还给学生，让学生做课堂的小主人。

### 2. 以学生为主体

传统的教学模式中，教师是课堂的主体，学生被动地接受知识，学生的任务就是掌握和理解老师上课所讲的知识点，这种"填鸭式"的教学方式忽略了学生的主观能动性，对学生的思维培养没有起到任何作用。在基于创客教学理念的小学信息技术课堂上强调学生是课堂的主体，教师充当的是课堂的组织者，这种教学模式要求把课堂真正归还给学生，让学生主动去构建知识体系，突出学生的主体地位，树立学生的主体意识。

### 3. 搭建创客学习环境

学习环境是指能促进学生学习活动的各种支持条件。创客教学中环境的搭建是至关重要的，一个自主、开放的学习空间能使学生充分发挥自己的创意，思维不会被限制住。自主、开放的学习空间需要教师去提供。除此之外，教师还需要为学生提供学习资源、素材、创客案例库等。

## 二、基于创客理念的小学信息技术课教学模式构建

### （一）构建原则

创客教学过程可能面临各类丰富的模式选项，关注内容也存在差异。不过模式设置过程同样有其规律可循，主要涵盖下述四项原则。

### 1. 完整性原则

创课教学模式主要透过授课理论依据、授课任务、授课流程、授课考核指标等内容进行综合反映。健全度较高的创客授课模式，必须兼顾组成部分间的内在联系，并且依托宏观视角进行统筹管理。执教者们不仅应对建构主义内涵、杜威提议的深层意旨等加以把握，并清楚界定授课任务及考核指标，还要增强对完整性原则的关注度。

### 2. 简明性原则

授课机制所呈现的框架，是向我们反映其简明性的载体。公式、图框都可能成为授课模式的呈现类型。它们具备较高的概括性，借助通俗、简练的抽象信息，向我们推出授课框架。它可以通过横向、纵向两重维度印证简明特征。若从横向维度分析，教师观察学习现状及发展诉求，并以此为前提形成教学方案，其间将显示并行结构；从另外的维度分析，授课环节过渡时存在既定次序，向我们展示了整个串行结构。

### 3. 可操作原则

授课模式所配置的流程，是其执行可能性的依据。整个模式携带着创客思维及立场，但又通过细分操作方案，将有关主张落实到行动之中，在整合创新教育、实践取向、建构主义内涵的基础上，推出操作办法，在教师、受教育对象间构成常规模型，确保各项活动获得有效支持，得以规范进展。如

若缺乏实效性较强的框架基础，相关授课、学习计划将无法真正生效，也就不能满足授课任务所需。

### 4. 稳定性原则

授课模式框架还能够印证其稳定性特征。即便采用了诸多思想、考核指标及呈现路径，然而模式本身已经高度凝练，在数次授课过程凭借阅历、实务磨合而得到积淀，属于理论结晶产物，因此商定后不容易变更。创客教学模式可以让执教人员在具体工作期间获得理想的结构支撑。

### （二）基于创客教育的小学信息技术课教学模式

通过分析创客教学模式的特点、构成要素、构建原则等，构建出基于创客教学理念的小学信息技术教学模式流程图，如图5-2-1基于创客教育的小学信息技术教学流程图所示。

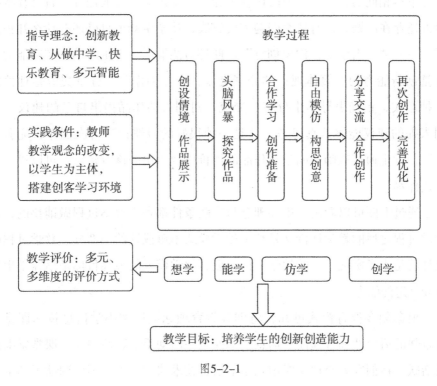

图5-2-1

如图显示，任何一种教学模式都离不开指导思想，创客教学模式也是如此。创客教学模式的指导理念以创新教育、从做中学、快乐教育、多元智能等理论为基础，并将其有机地结合在一起，以达成相应的教学目标。创客教学模式的教学目标是培养学生拥有积极主动的学习态度，有感于创新、勇于创新的想法，进而培养学生的创新能力。

　　教学评价是指在课堂上依据特定的教学目标、遵循特定的评价原则对整堂课的教学过程及结果进行判断的活动。实践条件根据字义便可推断出是创新在教育实践中能够实施的前提条件。与创新相融合的教育教学是一个非常复杂的程序，在设计的过程中要考虑诸多相互作用的因素。基本的教学流程包括"创设情境，作品展示"，激发学生的学习兴趣是教学过程的第一步，形成创新意识又是让学生产生创新能力的源动力；"头脑风暴，探究作品"，学生通过观察分析，交流思考会发现所要研究事物的本质，并且会分析之前所学过的旧知识与新知识之间的联系；"合作学习，创作准备"，信息技术课对于学生的作品没有唯一的标准和要求，所以每个学生的作品可能都是不尽相同的，合作学习阶段就是让学生知道为了完成任务，自己在哪些地方还存在问题，还有什么问题需要解决，让学生知道自己还有什么知识需要学习；"自由模仿，构思创意"，此环节能够反映学生的动手实践能力，也是创新能力的重要体现；"分享交流，合作创作"，分享交流是评价的一种形式，正确引导学生分享、交流，对别人的作品提出自己的建议，对别人提的建议能够认真思考，这是一种很好的习惯；"再次创作，完善优化"，学生通过教师和同学对作品的评价以及给出的修改建议，可以进一步改进作品。

　　通过上图可以看出，指导理念与实践条件都是为教学过程做铺垫的，而教学过程之后的教学评价又是整个教学模式不可或缺的一部分，教学过程的设计就是为了实现一定的教学目标，创客教学模式的最终目标是培养学生创新和创造的能力。

　　根据创客教育模式可知，将创客教育理念应用到小学信息技术课堂具有较强的适应性和合理性。信息技术课是一门动手实践性课程，课堂氛围比较活跃，将创客教育理念应用到小学信息技术课堂中去，不仅调动了学生的学习积极性，还增强了师生之间的互动性。创客教学模式中的各教学环节提升了学生们课堂上的合作探究能力，与他人的合作学习能够激发学生的学习兴趣，有利于学生的成长。与传统的教学模式相比，应用创客教学模式的课堂，不仅课堂效率有了明显的提升，学生的学习兴趣、学习动力也有显著的提高。此外，创客教育培养了学生的创新能力，提升了学生的创新思维。创客教育是学生选择相应的创客主题，在教师的指引和帮助下在学习空间中进行知识的创造的过程。教师通过对现阶段的小学信息技术课教学情况、教师的上课模式、学生对信息技术的掌握情况等进行调查分析，主要是从培养学生的创新能力、提升学生的创造性思维的角度出发，构建了基于创客教学理念的小学信息技术课堂教学模式，再次进行了教学实践，将该教学模式应能用到了课堂中去，实验结果证明学生无论是知识点的掌握、上交作品的质量，还是创新能力、想象能力都有所提升。因此，基于创客的教学模式在小学信息技术课堂是可实施、可操作的，并且创客教育模式应用在小学信息技术课堂对培养小学生的创新能力、提升学生的创新思维都有积极的影响和一定的促进的作用。

附：

## "驱、探、悟"教学模式在信息技术课堂教学中的应用

小学信息技术课的主要目的是让学生在了解计算机文化、初步掌握一些计算机基本知识和技能的同时，进一步激发学生的学习兴趣，增强学生的信息意识和创新意识，有效培养学生收集、处理、应用和传输信息的能力，培养学生的自学能力和创造能力。教学中要时刻注意信息技术教学不仅仅是传授计算机的基础知识，更不是片面追求"填鸭式"的满堂灌，而是把计算机作为一种工具，来提高中学生的素质，培养他们用信息技术解决问题的能力以及学习能力。

小学信息技术教育是一项面向未来的现代化教育。信息技术课程将逐步成为小学一门知识性与技能性相结合，而且能与其他学科整合的学科。教师们在教学实践中深深感到小学生信息技术课的课时安排较少，教与学的任务相当艰巨。如何在信息技术教学中对学生实施素质教育，培养学生的创新精神与实践能力，使学生养成仔细观察、独立思考、大胆实践、互助合作等良好的学习品质，最终达到培养学生的创新精神和动手能力，提高学生对计算机的操作能力的目的？本人认为：教师应该针对学生的心理特征，激发学

生学习的兴趣，使学生乐学、爱学，调动学生的学习积极性和自觉性，争取课堂的最佳效果，提高息技术教学的质量，特别是在已具备电脑基础知识的中、高年级的一些息技术课堂教学中调动学生的内驱力，引导学生探索，通过探索、内化悟出知识的内在联系，也就是"驱、探、悟"的教学模式，以收到良好的效果。

一、构建"驱、探、悟"课堂教学模式

启发式教学认为，应强调学生的主体地位，教师是一个启发者、导航人，其作用在于根据教学的目标对学生施加积极的指导和影响，如果信息技术课堂教学能使学生产生兴趣，那么他们就会主动地、深入地、兴趣盎然地钻研领会，释放出身心的潜能，充分调动主动性，参与学习的全过程，用自己的思考与内心体验去创造、去发现知识和规律，同时发展自己的个性。

二、"驱、探、悟"教学模式在小学息技术课堂教学中的运用

1.任务驱动，目标引导

俗语说得好："好的开端是成功的一半。"的确，学习动机是推动学生学习的动力，是使学习活动得以顺利进行的重要条件。因此，在教学过程中，教师首先要激发学生的学习动机和愿望，教师安排给学生的学习任务必须是对学生有价值的，与学生的实际生活有关的，使学生觉得要学习的知识是重要和有趣的，能让学生在学习活动中感受到快乐，从而产生学习的动力。例如，在教学《开启网络之门》（上网知识的初步认识）一课时，教师先不急着让学生模仿操作上网的步骤，而是先提供一段与网络知识有关的软件展示，软件图文并茂，并配以悠扬悦耳的音乐，刺激学生感观，激起学生浓厚的兴趣，教师在此时适当地出示本节课所要学习的内容以及目标，引发学生内在的学习欲望，使学生带着强烈的好奇心主动去学习。

2.充分探索，协作学习

人本主义学习理论认为：教学应该以学生为本，根据学生的自身条件，引导和启发学生发现自我优势，激发他们的创新意识和独立获取知识、分析问题、解决问题的能力。例如，在教学《开启网络之门》这一课时，教师先展示了一段与网络有关的微课后，并不急着介绍IE浏览器的组成，而是提出一些相关的问题：①IE浏览器有什么作用？②如何打开IE浏览器？③格式栏

里面的各个图标各代表什么？有什么作用？让学生带着问题，与学习伙伴有目的地充分进行自主探索，与此同时，教师还自制了"小助手"软件，当学生在自主学习中遇到困难时，除了可以在小组内解决，也可以问教师，还可以通过"小助手"这个辅学软件帮助解决困难。通过自主学习这一环节，学生不仅学习到了课本的知识，而且还通过小组学习培养了协作学习的能力，学生互相交流、探讨，在探索中发现问题、深入问题、并解决问题。特别令人兴奋的是，自学能力比较强的学生在学习过程中，不仅能借助书本、辅学软件学习，还能结合自己在平时所获取的知识进行学习。特别令人高兴的是学习能力比较强的学生不仅自己在知识的海洋里遨游，还像一位学识渊博的小老师一样积极帮助自学能力比较差的同学，耐心地对他们进行讲解、演示，从而使他们能共同跨越学习的障碍，这无疑更好地激发了学生的内在潜能，使学生真正成为学习的主人，更使同学间的互助合作精神进一步增强。

### 3. 领悟实质，把握规律

建构主义认为，知识不一定是通过教师传授得到的，而可以是学生在一定的情境即社会文化背景下，借助他人的帮助，利用必要的学习资料，通过意义建构的方式获得的。学生是主动的学习者，知识不再是死记硬背的答案或公式。

例如，在教学《开启网络之门》一课时，学生们都进行充分探索，初步完成学习任务后，教师请个别小组或学生说说或演示是如何解决自主学习前提出的问题的，学生们都能清晰地表述出解决问题的方法以及同时进行相应的演示操作，把在探的过程中无意识获得的知识转化为有意识的、系统的知识，同时锻炼了口头表达能力。例如，学生通过自主学习，在演示"前进"按钮的操作时，有一些页面由于该网页被删除或移除不能正确演示出来，教师先不急于介绍解决的办法，而是让学生通过刚才的学习，尝试去解决这个问题，学生们个个摩拳擦掌，跃跃欲试。其中有一部分学生通过与旧知识的联系，找出了解决方法，教师就通过广播系统让这些学生演示解决的方法，学生们个个学习热情高涨，教师与此同时表扬了这些爱动脑筋的学生，也鼓励还没有找出解决方法的学生继续寻找解决的方法。整节课，学生通过自行发现、自行探索，真正将知识牢牢掌握并转化为了能力，在接下来的反馈练习阶段，全班学生都能按要求访问网站，在遇到困难时，都能通过运用已学的知识自行解决，还不能解决的就请教已经解决困难的同学。

### 三、"驱、探、悟"教学模式在实践运用中应注意的几个问题

#### 1. 正确处理探的过程中教师主导作用与学生主体作用的关系

有部分观点认为，"驱、探、悟"教学模式中，探的过程应该放手让学生探索，教师的主导作用被完全忽视。本人以为，在探的过程中教师的主导作用同样是不容忽视的。因为学生自行获取知识，发挥他们的主体作用，都是在教师的指导下进行的，所以研究如何指导学生自行获取知识，发挥学生的主体作用，其实就是研究教师如何发挥主导作用。在实际教学中，我发现有个别自学能力较差的学生在老师给出的自由探索时间里根本没有学到任何知识，如在《开启网络之门》一课中，有个别学生许久都未能自如地访问网站，不知从何下手。此时教师应该及时发现，及时引导，充分发挥主导作用，帮助其跃过此学习障碍。再者，有些知识学生在探的过程中很难自我发现，若教师不给予引导，则教学活动难以继续。例如，在教学《开启网络之门》一课时，当遇到空白页时，大部分学生能很快找出解决问题的办法，但有个别学生还是不能找出解决的办法，课堂探索活动出现停滞局面，此时，教师予以引导：在访问网站时，如果访问完后，想回到主页面，该怎样做？教师的巧妙引导使学生顺利实现了知识的迁移，攻克了本课难点。可见，探的过程并非只强调学生的主体作用，教师的主导作用也应该有效发挥。

#### 2. 在探的过程中学生的无意注意如何转化为有意注意

学生在探的过程中对知识的掌握基本是无意识的，当需要有意地再现时就可能出现问题。例如，在教学"画图"这一绘图软件时，在让学生自由探索了十几分钟后，请其上台演示贴图。此时本已在自己的电脑中画出了一幅幅美丽图画的学生，在台上却一下找不到自己刚才贴过的图形了。要解决此问题，本人认为，在悟的过程中教师应善于引导学生总结归纳，使知识系统化、条理化、清晰化，以便于学生理解掌握。对于重、难点知识，必要时还可利用板书重点强调，加深学生印象，从而将学生在探的过程对知识的无意识了解转化为在悟的过程对知识的有意识掌握，使学生进一步把握实质，领

悟规律。

　　总之，在"驱、探、悟"教学模式课中，教师通过任务驱动，引发学生学习兴趣，学生在教师适度引导下，通过知识迁移，举一反三，充分探索，自悟自得，协作学习，完成教师所提任务，获得知识，掌握方法，把握实质，形成能力，从而使教师真正做到授之以渔。它在课堂中有效地实施了素质教育，培养了学生的创新精神和实践能力，因此是值得继续深入探讨研究的小学息技术课教学新模式。

# 6 第六章

STEM教育背景下小学信息技术教学发展

　　2012年国家颁布的《基础教育信息技术课程标准》要求小学阶段的学生认识一种有趣易学的计算机程序语言及其简单应用，体验用计算机程序语言编写、调试、运行程序的过程和方法，使学生能在简单的编程过程中，开展合作学习，培养发现问题和解决问题的能力。STEM是科学（Science）、技术（Technology）、工程（Engineering）、数学（Mathematics）四门学科英文首字母的缩写，强调突破单一学科的知识体系的束缚，促进教师在教学过程中更好地进行跨学科融合，鼓励学生跨学科解决问题。STEM与小学信息技术的融合发展，是一种必然趋势。

# 第一节　STEM教育与信息技术课程教学

## 一、STEM教育

STEM教育时下已经成为一个热门的话题，引起了社会的广泛关注，在国家层面，政府积极采取相关政策进行引导，推动创新型人才和综合型人才的培养；在社会层面，越来越多的研究者参与到STEM教育与各学科融合的潮流中，推动着STEM教育在中国的发展；在个人层面上，STEM教育以其独有的跨学科特性、知识整合特性和"从做中学"的教育理念，区别于传统学习方式，深受大家的喜爱。STEM教育涉及的领域方方面面，因此值得进一步深入研究。

STEM教育是全球教育发展的趋势，《新媒体联盟地平线报告：2017基础教育版》揭示了在未来五年的全球范围内，STEM教育将对基础教育产生非常重要的影响。现如今，我国经济的发展十分迅速，产业结构的调整和转型升级面临着新的形势，现在的社会中急需那些有高文化、高水平、高视野和综合实践创新能力极强的复合型人才。那么在重要的发展关头，发展STEM教育，有助于我们紧跟时代发展的潮流，也有助于我们抓住发展的机遇。现如今在我国，加快STEM教育的发展速度，改革创新STEM教育的发展模式，增强跨领域与跨学科之间的STEM教育发展，逐渐成为我国培养高精尖人才的主要途径，加快STEM教育的发展速度与模式，也是提高国家综合实力的一种需求。综上所述，STEM教育的发展将是未来教育重要的发展方向之一，对于中国的传统教育模式和经济的发展更有着重要的意义，STEM教育已经逐渐成为全球教育的发展趋势。

STEM是科学（Science）、技术（Technology）、工程（Engineering）和数学（Mathematics）英文首字母的缩写，STEM起源于美国，是美国的教育一体化战略。其初衷是将科学、工程、技术、数学四个分散的学科结合起来，形成一个新的整体，旨在鼓励学生利用各学科的知识，探索彼此的真实世界。跨学科是STEM教育理念中重要的特征之一，跨学科指的是在STEM教育理念中，教育者不再重点关注学科的边界，而是更加关注具体的问题。随着STEM教育研究的深入，STEM教育被赋予了更多的意义，STEM教育是组织形式的课程改革，有助于培养学习者运用综合知识解决现实世界问题的能力，因为问题的本质是跨学科的。STEM教育理念的课程强调的是科学、技术、工程和数学相结合的"综合课程设计的一种教学模式"，强调应用知识，注意学科之间的关系。因此，越来越多的研究者关注STEM教育与各学科的融合，这使得STEM教育与各学科的融合逐渐成为主流。

## 二、STEM教育与信息技术课程教学

通过对STEM教育的研究可以发现，现在在国内，越来越多的学校都在开展STEM教育的创设活动，有一些学校开发一系列STEM教育专业资源，还有一些学校将STEM教育与普通的学科相结合，试图将STEM教育应用到普通的学科教学当中。但是由于过分盲目地追求形式统一，许多问题也相继暴露出来了。为了解决这些问题，许多专家学者也在积极探索STEM教育与普通学科的融合过程。现在主流的课程主要是以分科教学的形式展开的，但是在众多的学科当中，信息技术活动课程依据其课程标准的规定是需要综合各科的知识开展教学的一门学科，这种概念上的理解正与STEM教育不谋而合。同时在教学形式的设置上，信息技术学习活动课程与STEM教育都强调合作学习，并且都是以学习活动的形式开展的。所以依据以上几点，找到了两者的主要契合点，以小学信息技术教学中的学习活动为探究的主要焦点内容，通过聚焦学习活动这一具体的教学环节，针对已发现的问题，尝试把STEM教育理念与信息技术学习活动的模型设计进行合理的融合，设计相应的实践模型，然后总结修缮，以期达到优化课堂教学的目的。

随着科技进步与知识发展的不断创新，STEM教育将被进一步推进。

如今，STEM教育与其他学科的融合发展已经在如火如荼地进行着，本章以STEM教育理念为指引，以小学信息技术学习活动为依托，从学习活动的角度来探索STEM教育理念在小学信息技术课程教学中的应用，以期为小学信息技术活动教学的发展开拓一个新的视角。

STEM教育虽然为学生各种能力的提高提供了有效的途径，但是，通过研究发现，STEM教育在我国的开展形式还比较单一，而且在一些课程的应用方面也是过于追求STEM教育的理念，忽略了与各学科理念之间的融合，也忽略了在这个过程中可能产生的学习。基于以上问题，从学习活动模型设计的角度出发，进一步探讨了STEM教育理念与小学信息技术学习活动的联系与整合，并通过学习活动模型的设计与实施，提供了一种更有效的课堂教学模式。将STEM教育的理念融入小学信息技术活动课程，通过具体的学习活动设计，培养学生的创新能力、合作能力、解决问题的能力。STEM教育视角下小学信息技术学习活动模型的设计与实施的模式，能够有效弥补在小学信息技术学习活动课程教学学习活动设计领域理论的不足，同时也为STEM教育的开展添砖加瓦，弥补目前STEM教育在开展小学信息技术学习活动方面的缺失。

在查阅相关文献研究的过程中可以看出，当前小学信息技术学习活动的教学中缺乏正确的学习活动模式，有些教师把学习活动等同于自由实践，而在整个过程中几乎没有指导，常常导致课堂气氛混乱，得不到有效的反馈和比较好的教学效果。基于以上存在的问题，借鉴STEM教育的相关概念，通过设计学习活动，以一个完整的过程来帮助学生学习，在使学生体验信息技术活动课乐趣的同时培养学生的综合能力，对优化小学信息技术活动教学起到了一定的作用。

在设计STEM教育理念下的信息技术学习活动模型时，应将科学、数学、工程和技术四个学科的内容和特点结合起来。

STEM教育的四个学科有其自身的内涵，也有着密切的联系和接触，在学习活动模型的设计中，要始终保持科学的思想，学会用科学的方法解释现象；工程的思想可以提高设计的规范性；数学既是工具又是语言；技术也为学习活动的设计而服务，提供了必要的支持。

STEM教育是一种具有情境特性、设计性、实践性的学习模式和教学模式。因此，在STEM教育理念下的小学信息技术学习活动模型的设计中，应该给学生呈现出复杂的现实情境，因为学生只有亲身体验了科学探究的过程，才可以在其大脑运动的过程中积极建构新的知识，才能真正理解活动的意义。同时，发现问题和解决问题的方法对学生更具吸引力，会使学生发现它具有挑战性，在有效激发学生的学习兴趣的同时，使学生的内在学习动机也更加强烈。

# 第二节　STEM教育与小学信息技术教学的融合

## 一、STEM教育与信息技术融合的可行性分析

### （一）STEM教育具有的优势：知识融通

STEM教育的定义广泛，既是指四门学科的叠加，又指的是所有年级的教学活动的组织形式。它的适用范围非常广，既可以指学校的教学环境，又可以指社会上的教学环境。

STEM教育本质上是一种基于建构主义的教学，它以学习者为中心，进行跨学科教学，是一种创新教育，STEM教育使学习者能够获得知识并改变世界的综合知识。关于STEM教育的存在，最重要的是让学生学会去处理学习和现实的复杂关系。例如，在探究"哪种石油产品会造成环境污染"的问题时，学生一般只是知道有塑料袋，但不知道有农药；他们可能会知道石油产品与化学知识有关，但他们不知道它实际上与食品也有关系。造成这一问题的真正原因首先是学生的知识储备不足，其次是没有对知识进行关联，或者没有找到因果关系。

STEM教育的目标，旨在认识科学、技术、工程、数学四个学科的本质特征，建立知识之间的因果关系，增加知识的多样性，从而了解上述知识的认知本质。这种连接多个学科只是共同解决同一个现实性问题的教学模式，正是我们要进行学习和使用的，STEM教育具有的这种天然的优势正是可以用于教学当中。

（二）STEM教育与信息技术课程结合的特点

信息技术课程强调学生综合运用各学科知识认识、分析和解决实际问题，注重培养学习者的核心素养，主要是培养学习者的社会参与性和责任感。

STEM教育与小学信息技术活动课程有着同样的教学理念，STEM教育强调问题应该是在现实的环境中存在的，鼓励学习者在现实的情境中去寻找问题。在课程的设置方面，STEM教育将带来一场改革的潮流，从目前的调查和分析来看，小学基本上都是在一些主流科目的课程设置上采用分科教学的方法，这种教学形式不利于学生对综合知识的把握，而与此相反的是，STEM教育和信息技术强调知识的整合和各学科内容之间的联系。STEM教育的跨学科和知识整合也都符合信息技术的课程目标。

STEM教育与信息技术课程不管是在课程的组织形式上，还是在课程内容的设置上，都表现出了极强的统一性。那么两者的优势结合，劣势互补，将是对信息技术课程的一次革新，也是对教学形式的又一次革新。

（三）STEM教育与信息技术活动结合的劣势分析

在国内，从STEM教育本身的发展来说，由于STEM教育的热度较高，发展速度过快，一些理念还不够成熟，至今还没有一个完整的、较多人认可的STEM教育课程体系，这些问题使STEM教育在与信息技术课程乃至更多的学科进行融合时，没有依据可以参照。

目前，大多数STEM教育只是流于形式上的统一，在STEM教育本质理念与信息技术活动进行整合的设计上缺乏指导。而且，随着不断创新发展，STEM教育跨学科整合的优势开始被许多教育者在教学实践中应用，依据前面的一些综述可以发现，虽然现在一些中小学也开展了探索STEM教育的教学组织活动，但有时却只是"为了项目而项目"，其实并不清楚也不理解STEM教育理念之间的关系，就强行把STEM教育应用到教学实践当中。

STEM教育的理念与信息技术学习活动的课程目标在形式和内容上是统一的，STEM教育在学校里的发展形势要依托于信息技术学习活动的开展，信息技术学习活动的教学也离不开STEM教育理念的指导，两者优势的结合，可以对现在分科教学中的弊端进行合理的规避，在整个过程中还可以起到培养学生综合实践能力、解决问题能力和学科素养的作用，为学生以后的全面发展奠定扎实的基础。但是，在真正进行STEM教育与其他学科融合的过程中，有一些问题表现得非常突出，如部分教师对于STEM教育体系并不明确，现在多数的学校内缺乏正规的STEM教育专职教师，导致STEM教育的教师水平整体不高等比较有针对性的问题。如果想要真正实现STEM教育与学科的融合，最紧迫的事就是处理好现在出现的这些问题，也就是说只有处理好这个矛盾，STEM教育才能真正指导教学，发挥其优势，达到优化教学的效果。

## 二、STEM教育与小学信息技术课程融合的原则

在进行STEM教育视角下小学信息技术学习活动模型的设计时，需要遵循下列几个原则。

### （一）跨学科性原则

跨学科整合原则是STEM教育与信息技术课程的基本理念。两者的结合打破了学科边界，共同实现知识整合。在此基础上，选题时还应选取一些具有代表性的项目主题，这些活动主题同时包含了科学、技术、数学、工程等学科的知识领域。

在STEM教育视角下小学信息技术学习活动模型的设计中，通过教与学的设计，合理整合多学科的知识，打破学科间的壁垒，促进学生知识整合观念的形成。通过学习活动的组织可以使学生真正认识到跨学科问题解决和知识整合的重要性。

### （二）学习情境真实性原则

开展STEM教育视角下小学信息技术学习活动，主要是帮助学生提高发现问题和解决问题的能力，引导学生将课堂所学的知识和技能运用到实际生活中去。在学习活动的设计中，学习任务的设计是信息技术学习活动中比较关键的一个环节，学习情境的设计对学习任务的设计又起着决定性作用。因此，创设一个良好的学习环境是完成一节课的首要任务。学习情境有多种类型，如真实的问题情境、虚拟的学习情境、任务情境和故事情境等。不同的学习情境对学生的帮助是不同的，创设多样化的学习情境不仅可以提高学生对抽象知识的理解能力，还可以增强学生对新知识的渴望，激发学生参与学习的积极性。

### （三）教学内容可视化原则

在进行STEM教育视角下小学信息技术学习活动模型的设计之前，教师应提前告知学生学习活动的一些安排，以便于学生自己制订学习计划和学习安排，教师应对每个学生进行管理，确保每个学生都可以参与其中。在学习活动中教师应该主动引导学生自己进行知识的可视化处理，引导学生主动的将学习活动主题的知识和内容做成思维导图和流程图的形式，以便于接下来的学习。学习活动主题确定后，教师应及时将本主题的内容或知识点制作成微视频的形式供学生观看，以利于学生在头脑中建立知识的框架。知识可视化可以帮助学生建立知识点与知识点之间的联系，建立知识内容系统，同时还可以帮助学生记忆、反思和锻炼解决实际问题的能力。

### （四）评价体系多元化原则

良好的评价体系有助于学生认识到自己的优缺点。在学习活动评价体系的设计中，教师需要提前设计出多元化的评价标准和体系，要对学生的作品进行客观的评价，同时对学生的课堂表现也要进行客观的评价。评价的方法有很多，不同的评价方法有不同的效果，在设计相应的评价体系时，教师应综合运用各种评价方法，对学生的学习进行整体的综合评价。

综上所述，通过对比分析不同学科的学习活动设计的构成元素，总结出了STEM教育视角下小学信息技术学习活动模型的设计所需要注意的方面，通过总结STEM教育视角下小学信息技术学习活动模型设计的要求，明确了学习活动模型设计需要遵循的原则和要求，这为接下来信息技术学习活动设计的模型建立提供了较多的参考，同时也为接下来的实践做了较好的铺垫。

# 第三节　STEM教育视角下小学信息技术学习活动初始模型的设计

随着经典的ADDIE教学设计模型的出现，现在又陆续出现了很多教学设计模型，如史密斯-雷根模式和肯普模式，尽管这些新出现的模式在一些侧重点中和经典的ADDIE有一些差异，但是它们都有着共同的特征，那就是活动的主题都分为分析、设计、开发、实施和评价这几部分，也就是说都离不开经典ADDIE教学设计的雏形。

## 一、前期分析

前期分析环节是学习活动设计的开始，也是方向标。前期分析包括学习者分析、学习内容分析STEM教育目标分析。通过对这三个方面的分析可以很好地掌握学习者的自身情况和学习内容的情况，为更好地设计和开展学习活动打下一个坚实的基础。

### （一）学习者分析

对学习者进行前期分析是为了更好地了解学习者的特点，更好地促进学生进行学习。学习者分析主要是对学习者的特征、能力、态度和相关技能方面进行一个综合性测评，了解学习者目前在这几方面的基本情况，以便为接下来学习活动难度和深度的设计提供重要的参考。教师选取的主题往往都和日常生活中的事物息息相关，学生并不陌生，所以学生在学习时都有很大的兴趣进行学习，多以小组合作探究完成学习任务。

## （二）学习内容分析

对学习内容的分析既有助于教师把握教学的重点和难点，又有助于在学习活动模型的设计中掌握好活动的进展。信息技术学习活动和STEM教育都强调跨学科知识的综合，涵盖的科目较多，知识体系比较宽泛，像数学、科学、工程和技术都是需要学生掌握的知识，在操作实践过程中还可能会应用到其他学科的知识内容。要根据小学生的年龄特征和学习主题选择难度适中的内容进行学习，教师可以对学习内容进行把控，也可以将以前的知识和内容融入新的知识当中去，帮助学生建立起一个新知识的框架。因此，在进行学习内容的分析时，可以采用知识可视化的方法来将内容序列化，通过知识可视化的工具，如知识网络图、思维导图等，将所要掌握的内容按从简单到复杂、从单一到综合的顺序排列起来，建立各个知识点的联系。

## （三）STEM教育目标分析

教学目标贯穿了整个教学活动，所以目标分析是必不可少的一个环节。模型的建立很大程度上受到了STEM教育理念的影响，所以，对STEM教育目标的分析显得尤为重要。目标分析的一般步骤是从知识与技能、过程与方法和情感态度与价值观三个维度进行分析。信息技术教学不同于传统的教学活动，它还包括科学、数学、技术和工程等学科的知识，这种跨学科的教育目标分析也就是对STEM教育目标的分析，具体如下：

### 1. 知识与技能

活动的主题主要来自教师为学生所做的选择，而学习活动设计的知识与技能的学习目标又来源于活动的主题。较为深入的知识难以被学生消化，较为浅显的知识又难以引起学生的学习兴趣，所以教师需要根据学生现有的认知水平和能力来选择主题活动。在学习活动进行中，学生要通过教师的讲解和自己的主动操作实践学习来获得知识；结合生活的经验和社会的经验来总结升华知识。首先，在知识层面目标的设计上，教师应该将书本上的知识转化为生活中和社会中的知识与经验，将难以理解的知识简单化，促使学生进行主动意义上的知识建构。其次，信息技术学习活动需要学生亲自动手实践，所以在活动技能层面目标的设计上，应以锻炼学生的动手能力和操作能力为基础，进而培养学生动手操作能力。

147

### 2.过程与方法

在教学中"过程与方法"目标的达成是具有可操作性的，突显学生学习的主体性，同时需要关注学生在整个学习过程中的认知状态的变化、心理状态和情绪的变化等。过程与方法目标的设定一方面是使学生了解知识的来源、规律和特点，培养学生透过表面看本质的能力；另一方面是让学生掌握获取相关知识和技能的方法，从而使学生达到"会学"的目的。注重过程与方法目标，就是注重学生探索新知识的经历，从获得新知识的过程和方法中有所感悟和体验。过程和方法目标在培养学生实践能力、动手能力、创造新思维等方面都起到不可忽视的作用。

### 3.情感态度与价值观

情感态度与价值观包含三个要素，其中"情感"主要涉及内心的体验和心理的基础，与个体的各种需要有很大的关系；"态度"涉及的是个体与世界的关系，并且以个体的认知因素和情感因素为基础，表现为特定的行为倾向；"价值观"则是在个体成长过程中发展起来的对各类对象的稳定的价值判断，与态度中的认知因素相关联。由此看来，情感态度与价值观目标是以个体与世界的关系为基础，围绕态度的三种成分整合起来的。学习活动设计中的情感态度和价值观主要表现在培养学生在教师指导下参与信息技术学习活动的积极性，同时培养学生正确的人生观和价值观。

### 4.项目设计

学习活动的开展最重要的就是学习活动的设计，设计个性化的学习活动环节才能更好地进行学习。项目设计是整个信息技术学习活动设计的关键所在，项目主题的选择关系到学生的学习兴趣和学习活动的整体开展。项目设计的主要形式是在学习活动开展之前，教师首先要在学情分析、目标分析和学习内容分析的基础上，选择一个具有STEM教育特性的、需要运用多学科的知识来解决的项目主题，同时设置难度适中且具有吸引力的问题。在确定了项目的主题之后，教师需要对学习活动中的任务进行划分，在任务设计环节中，针对不同的主题活动要设置不同的学习任务，先将任务转换为问题，问题的形式可以引起学生的学习兴趣，激发学生的学习欲望，然后再在创设的真实情境中将学习任务分配给学生，同时引导学生完成学习任务。这种基于项目的设计要求学生先分析问题，有利于学生问题解决能力的培养，此外，完成学习活动的任务需要小组之间进行合作，对学生团队合作学习意识的培养也起着不可低估的作用。

### （四）资源设计

学习资源是教学内容的载体，学习资源对教师的教和学生的学都起着支撑作用，相比于教师利用教学资源开展教学工作，学生选择学习资源开展学习活动是上好一堂课必不可少的条件。教师将设计好的学习资源提供给学生选择和分配，这个环节在整个教学活动中都显得尤为重要。在学习活动模型设计当中，教师主要对学习资源进行三个部分的设计：知识可视化的设计、思维可视化的设计和协同工作的工具设计，以供学生进行必要的选择和分配。

第一方面，知识可视化是对知识进行可视化设计，以结构化、系统的方式向学生呈现抽象知识，使学生能够较为直观地明白和理解知识之间的关系。将知识与基本的图形结合起来共同呈现，同时将知识可视化的设计与视觉感官上的表现密切相关，那么知识将从一个深层次维度被简化为一个浅层次的维度，更便于学习者记忆和理解。因此，知识可视化的实现依赖于知识可视化的视觉表现。

第二方面，思维方面可视化的概念相较于知识可视化概念出现得较晚一些，知识可视化主要强调知识与知识之间的联系，思维可视化更注重知识的表达和思维规律背后的思维、思维方法和思维路径。思维可视化具体是指利用一系列图形技术来呈现以前看不见的思想并使其清晰可见的过程。这样的设计能有效提高信息处理和信息传递的效率。现在最常见的能够实现知识可视化和思维可视化的技术主要有两类，第一类是图形技术，如思维导图、模型图、流程图、概念图等；第二类是软件技术，用于生成图形，如思维管理器、思维导图器、自由思维、共享思维、XMind、linux、mindV、iMind Map等。

第三方面，协同工作工具资源的主要功能是协作沟通以及众多邮件和通信等管理的工具，同时也是为了方便师生之间和生生之间进行交流和沟通的工具方面的设计。在学习活动这一环节上，教师可以利用协同工作软件进行学习资源的下发、学生的管理和学生的测评等工作，学生之间可以利用协同工作软件进行线上交流，常见的协同合作软件主要有QQ、钉钉、微信、论坛等即时聊天工具，在学习活动的设计上也应该将这些内容设计到相应的环节中，以便于学生的合作学习。

## 二、学习活动实施设计

学习活动实施是将学习活动的设计付诸实践的过程，再好的学习活动设计如果不实施，也只是纸上谈兵，难以观察课堂效果和学习者的学习效果。在学习活动的实施过程中，教师不仅要对学习者的学习起到指导的作用，而且还要时刻观察学习者的学习状态，观察学习者的课堂表现，所以学习活动的实施环节和评价环节是联系在一起的，两者要同时进行，才能保证教学效果的最优化。学习活动实施的一般过程包括创设情境、制作解决方案、操作实践和分享交流四个主要的环节。

### （一）创设情境

虽然有很多方法可以用来创设学习情境，但是学习情境有作用与否，要看所创设的学习情境与课堂真实的教学过程中知识信息的传递是否相协调，也就是说，需要看情境应用于真实的课堂中的效果是如何的，也可以通过检验教师的教学情况来判断情境创设的好与坏。采用基于项目的教学模式，强调真实情境是问题的中心，因此在开展学习活动之前，教师需要模拟真实的问题情境。学生通常喜欢谈论与自己有关的事情，所以教师在设计学习活动时选择的学习情境首先应该是贴近学生生活的。其次，教师创设的情境应注意适当的难度，可以照顾不同水平的学生，使每个学生都能感到有话要说。最后，创设的学习情境必须与教学内容和教学目标相一致，学习情境也必须与既定的教学目标相一致，创设的情境必须为学生所接受，达到了这些条件后，才可以称得上是一个好的学习情境。

### （二）制作解决方案

在呈现问题的情境下，依据学习者的特征进行小组的划分，依据小组之内异质和小组之间同质的原则进行分组，组内的活动主要进行对问题的讨论和任务的具体划分，通过大家的头脑风暴，将比较有难度的问题通过大家的协商一起来解决，将大问题化解为一个个小问题，同时需要学习者自主规划解决问题的方案，同时学习者明确组内的不同分工，保证让每一个组员都能够参与到其中，主动承担起自己的责任。教师则起到在一旁指导的作用，针对个别小组遇到的问题进行分析和引导，主要引导学生构想出多种解决问题的方案。在整个过程中，学习者需要自己不同学科的知识储备，构建一个新的解决问题的系统，这体现了以学生为主体的教学理念和教师的主导作用，通过逐步引导学生积极探索来培养学生的团队意识。

### （三）操作实践

操作实践是学生将自己的创意和想法转化为学习成果的过程，学生在明确了自己的任务之后，就开始动手操作，教师按照总体的工作流程来督促和指导每个小组的工作。在这个过程当中，学生需要进行自主学习，组员之间相互帮助，对学习中的难点和重点进行协商探讨，共同解决。教师要鼓励学习者独立完成自己的任务，针对不明白的问题和难点引导学生运用多个学科的知识和拓展知识来解决，体会STEM教育跨学科和知识融通的教育理念。教师主要把握好整个教学流程，保证每个环节都按照教学的计划进行，在学生操作过程中教师也要实时记录学生的操作情况和课堂表现情况，以便为接下来的分析环节做铺垫。

### （四）分享交流

学生之间对知识的分享和交流能够拓宽知识的广度和深度，横向来说更是一种延伸。在各个小组成员完成了小组任务的基础上，每个小组先在自己的组内对自己的成果进行分享交流，然后再将自己小组的作品或成果与其他小组的成员共同进行展示交流，并且学生之间讨论交流每个小组在完成各项任务时遇到的问题和如何解决问题的。在这个过程中，学习者的知识得到提升和内化。

## 三、评价与反思设计

评价与反思设计主要着眼于对学生学习的一种评价，其注重学生对学习内容的掌握、学生能力的培养、学生的情感态度和学习过程的参与度。教学中，教师首先要弄清评价的目的。首先，评价与反思设计要发挥教学评价的检测作用来测试学生在整个学习活动中对知识的掌握程度和表现。其次，教学评价可以发挥其激励学生、增强学生学习兴趣的作用。

最后，教学评价还起到了使学生发展的作用。整个评价设计环节必须考虑如何才能有效促进学生的多方面发展。有效的评价有利于学生反思和调控自己的学习过程，从而使学生的各种能力不断发展。

依据不同的标准设计出了两种不同的评价方式，分别是学习成果的评价和学生课堂表现的评价。

### 1.学习成果评价设计

对学生学习作品的评价活动的主要形式是用Scratch作品进行的。Scratch软件是一款免费的并且面向大众而且公开的网络应用程序，Scratch能够自动分析已经编辑好的Scratch编程作品，同时能够给出相应的反馈，这可帮助学生明白自己的不足，并可以提高学习者的Scratch编程能力，同时在发展学习者的计算思维方面也有重要的提升作用。

Scratch提供两种方式来分析Scratch作品，如果学生的作品是在线完成的，则可以使用第一种分析的方式，即提供自己作品的网址即可；如果学生的作品是离线完成的，则可以使用第二种分析方式，先选择本地Scratch作品，然后点击分析即可。虽然现在该应用程序的语言目前没有中文版本，但其英文版也可以很方便地使用。

Scratch软件中有七个概念是和计算思维有关的，它们分别是抽象和问题解决（Abstraction and Problem Decomposition）、并行（Parallelism）、逻辑思维（Logical Thinking）、同步（Synchronization）、顺序控制（Flow Control）、用户交互（User Interactivity）和数据表示（Data Representation），学生在进行Scratch作品编程时会涉及这些关于计算思维的概念。相应的，Scratch在分析学生创作的作品时，也会根据是否体现出这些概念再给出相应的反馈，这可以帮助学生发现作品中存在的不足。关于等级的设定，根据学生创作的作品中是否有这些关于计算思维概念的体现，Scratch团队为各个概念设定了四个相应的能力等级，分别是无（0分）、基础（1分）、发展（2分）、熟练（3分）。关于分数的设定，根据抽象和问题解决、并行、逻辑思维、同步、顺序控制、用户交互、数据表示这七个与计算思维相关的概念，在Scratch分析的结果中会给出这个作品相应分数（0~21分）和在七个概念的等级下得到的次分数（0~3分）。在Scratch编程创作的教学过程中，教师应该重点要求学生掌握这些概念，在学生掌握了这些概念之后，学生可以将学到的概念迁移到其他编程的学习甚至其他学科的学习中去，以此帮助学生发展计算思维，提高综合能力和编程技能。

**2. 课堂表现评价设计**

第二种评价的方式就是对学生的课堂表现进行评价，学生学习过程的评价是一个动态的过程，需要教师对每一堂课中学生的表现进行实时的观察和记录。观察和记录的内容是学生参与学习过程的情况，如学生的态度和行为、知识的运用情况、作品的设计情况、小组之间合作的情况和在解决问题过程中是否运用了多个学科的知识、是否体现了STEM教育的理念等，这些教师都应该实时记录下来，以便于后期分析。课堂表现评价主要从基础知识的掌握情况、跨学科知识的应用情况、学生的动手能力、编程设计能力、问题解决能力、创新能力和团队合作能力七个方面对学生的课堂表现进行综合性评价，课堂表现评价的量表主要以教师的评价为主。

综上所述，STEM教育视角下小学信息技术学习活动的评价设计并不能够以学习分数决定一切，还需要通过学习者一系列的课堂表现和学习成果的评价以及更多方面的多方位评价来对学生进行综合性考查。在查阅大量文献和学情分析的基础之上，基于STEM教育视角的小学信息技术学习活动的设计需要在学习活动的具体设计上突显出STEM教育中知识融合的理念，把这种运用多学科的知识解决问题的理念具体到学习活动的每一个环节和阶段中，并且通过基于项目的教学方法，不仅教会学生STEM教育理念的基本概念，而且使学生潜移默化地学会运用这种理念，将这种解决问题的思想深深地印刻在脑海中，培养学生运用多种知识和技能解决问题的能力，使学生在潜移默化中理解STEM教育，领会STEM教育的理念，做到学以致用。

# 第四节　STEM教育视角下小学信息技术学习活动模型的实施

STEM教育作为一种新的教学方式已经引起教育界的广泛关注，越来越多的专家学者都参与到了STEM教育的研究中来，为STEM教育在我国的传播与发展起到了重要的推动作用。

STEM教育以其独特的教育理念受到了广大教师和学生们的喜爱。目前很多地区的学校都在积极响应政府与社会的号召，积极开展STEM教育教学工作。在国内，STEM教育大多数是以项目为主体进行的，以PBL的方式去进行STEM教育教学，既能够培养学生的创新思维又可以培养学生解决实际问题的能力。但是在快速的发展过程中也出现了一些弊端，由于如今普通学科相关的教材和内容之间是离散的，因此它们之间不具备关联性和连续性，知识的分布也是跨学科的。但是对于STEM教育来说，它的教育理念改变了这种发展中带来的问题，因为STEM教育的学习方式相较于传统的学习模式发生了改变，所以教师在进行相应的教学时也要遵循STEM教育的规律做出相应的改变，其中，教师的角色应该发生转变，这种角色的转变对于现在教师的执教能力提出了一个更高的要求。但是经过研究表明，针对以上出现的几点问题，现如今许多学校开展的STEM教育教学的实际效果远远没有达到预期的效果，所以如何积极地在小学信息技术活动课中有效开展STEM教育教学是教育教学中需要重视的重点问题。

## 一、活动实施的原则

信息技术课程中主题活动的内容是教师和学生共同合作开发与实施的，那么对于活动方案而言，教师和学生既是学习活动方案的开发者又是学习活动方案的实施者。所以，在实施信息技术学习活动的过程中，需要遵循一定的活动实施原则，通过分析文献和查阅资料，总结出了以下几点在信息技术学习活动过程中需要遵循的原则。

### （一）正确处理学生的主动实践与教师的指导的原则

信息技术学习活动的实施，注重突出学生主体，重点强调的是学生主动参与，乐于探究，勤于动手，同时也要求教师对学生进行有效的指导。在目前的信息技术学习活动课程的具体实施过程中，教师的指导方式、指导行为往往存在着一系列问题，如偏重活动形式，忽略具体活动方法的指导；偏重学生活动方案，忽略教师指导方案；偏重活动过程与阶段，忽略活动的具体落实程度等问题。在STEM教育视角下小学信息技术学习活动模型的设计中，教师的作用在整个学习活动中表面上被弱化，教师由平常的传授者变为了学习的指导者，但是教师的作用实质上是被加强了。因为教师的主要任务就是有效指导学生自主进行学习，在整个学习活动的进程中，教师不应既不应该"讲授"全面的实践活动知识，也不能推卸指导学生学习的责任，而应有效指导和鼓励学生主动将知识与实践有机结合。

### （二）校内资源与校外资源整合原则

学校教育侧重于教授学生书本知识和做人的道理，至于应用、实践、处理人际关系以及如何解决现实问题，校外教育则发挥了重要的作用。校外资源是学校资源的补充和扩展，是整个教育体制的有机组成部分，是引导学生全面发展的重要途径。校外教育实践性的根本特点，弥补了校内教育对学生的动手、实操能力训练不足的缺点，帮助学生得到身心的全面发展，促进学生形成良好的个性和突出的能力。信息技术是一个综合了各种学科知识和性质的一门课程，进行一项主题活动要用到不同学科之间的知识和内容，同时，对于活动资源的选择应该不限于学校内部，而是应该走出学校，走向社会，鼓励和引导学生进行社会调查，在与别人交流的过程中也能锻炼学生的交流沟通能力。实施校内外教育资源的有机整合，发挥立体式育人功能，广泛挖掘校外教育资源，形成校内外教育的整体合力，构建校内、校外两位一体的开放式教育模式；建立一个行之有效的整合机制，探寻立体式教育模式，充分体现学校的主导作用，使校外教育资源与学校资源一道实现共享，方能最终实现资源整合，以实现优势互补，最大限度地发挥各自功能。针对以上进行STEM教育理念下小学信息技术学习活动的要求，在设计想时要打破学校和教室空间的限制，把校内资源与校外资源整合起来，把正式教育与非正式教育融合起来，充分利用各种资源来开展各种主题活动。相比于在学校进行信息技术学习活动的组织教学，更应该鼓励家长和学生利用双休日和节假日的时间来开展主题活动。

### （三）课时集中使用与分散使用相结合原则

合理的课时安排对于一门课程来说至关重要，小学信息技术活动课程的课时安排根据相关的标准应该是弹性课时制，即课时的集中使用与课时的分散使用相结合。课程计划规定小学信息技术学习的课时是每周一个课时，但是根据实际上课的需要，可以灵活对一周内的课时甚至是几周内的课时进行整合与应用。例如，针对一项简单的信息技术主题活动，教师可以引导学生用一个课时来解决问题；对于一个较有难度的信息技术主题活动，教师可以通过合理规划课时的使用，将一周内的课时甚至是下一周的课时，都用到一次的主题活动中，通过灵活的课时安排来增加信息技术学习活动的趣味性和科学性。

### （四）STEM教育理念与信息技术教学有机整合的原则

在进行STEM教育理念下信息技术课程的主题活动时，要把STEM的教育理念有机融入信息技术学习活动的内容中来。原因有以下几个方面：首先，STEM教育的基本概念中包含了信息技术学习活动的主要内容，两者具有一致性。其次，信息技术学习活动与STEM教育理念存在许多契合点，能够充分表现出STEM教育的核心概念。最后，在STEM教育教学的实施过程中要积极运用信息与网络技术等手段来解决活动中的一些问题，以此来拓展信息技术学习活动的时间范围与空间范围，同时提升信息技术学习活动的实施水平。

在将信息技术等网络手段应用于信息技术学习活动中时，要注意运用信息技术和网络技术等手段为学习者创造反思性的、自主合作探究的学习情境和问题情境，防止学习者陷入纯粹的技能训练中。

信息技术是一门综合性课程，它强调超越教材、课堂和学校的局限，而STEM教育的发展，使得信息技术学习活动在时空上向自然环境、生活领域和社会领域延伸得更加广远，更加密切了学生与自然、与社会、与生活的联系。综合实践能力是STEM教育最重要的核心理念，而信息技术学习活动的实施又为学生综合实践能力的发展提供了活动平台，两者相辅相成，互为促进。

### （五）恰当处理学校对信息技术的规划与现实活动目标的原则

每个学校开设的信息技术课程应反映该学校的特点，学校应统筹规划信息技术学习活动。学习者在与学习情境进行互动的过程中，必定会产生新的学习目标、遇到新的问题、出现新的价值观和新的设计成果。要有效地将信息技术学习活动要求与学校的统筹规划相结合，教师首先要认识到在进行信息技术学习活动过程中产生的目标与主题的必然性和其存在的价值之间的联系，同时还应该保证在不与学校制定的大纲存在冲突的基础上，鼓励学生积极进行实践与应用。教师在这个过程中更应该帮助学生在新的领域继续发展与创造。

## 二、活动实施的过程

Scratch软件是一种计算机编程语言，它是一款面向儿童的软件，是一款开源软件。它的设计理念就是积木思想，在使用此软件的过程中，儿童像玩自己的积木一样，按照自己的想法去创作作品。该软件采用的是"搭积木"和"可视化"的编程方式，学生在使用这个软件的时候，就像玩乐高玩具一样将模块组合到一起，不需要使用键盘，只用拖动鼠标将指令模块结合到一起，完全可视化，自由发挥，只要发挥自己的想象力就可以实现很多效果。

Scratch软件共100多块"积木"，它们有不同的颜色和不同的形状，代表着不同的模块，孩子们使用这个软件可以尽情发挥自己的想象力。除此之外，Scratch软件还有自带的角色库和场景库，里面有大量的卡通角色和场景供孩子们选择，并且这些角色和场景都是分类摆放的，在选择上提供了很大的便利性。如果孩子们不喜欢软件自带的角色和场景，也可以自己完成角色或者场景的创作，还可以从本地上传已有的图片进行使用，十分方便便捷。在使用该软件的过程中，孩子就像搭积木一样，可以发挥想象，运用不同颜色、不同形状的积木，加上自己的想象力，创作出许多生动有趣的作品。

趣味编程入门这个大的主题主要选用了Scratch创意编程的学习内容。活动实施的过程是根据前面设计的初始模型进行学习活动的设计，其中主要包括先对项目进行内容分析和目标分析，紧接着划分学习任务，再将学习任务转化为学习的问题，同时在活动资源的设计中主要利用了可视化资源设计、思维可视化设计工具和协同交流工具来对资源进行有效的利用和整合，最后进行案例的学习活动的实施环节，主要划分为课程的导入环节、情境创设、划分任务流程、学生操作实践、成果展示和交流分享。在整个学习活动实施结束之后，使用提前设计好的学习活动的成果评价表对学生在活动中的表现和完成的成果进行评价。

为了便于验证学习活动实施的效果，在学习活动实施之前，设计了课堂观察表，用来在学习活动实施过程中对学生的课堂表现，如回答问题的次数、参与情况、表情动作等进行实时记录；学习成果评价表，在表内设计了相应的作品完成分数，对学习的成果和作品的完成度按照评价标准进行打分。设计学习活动要分三轮实施，第一轮主题学习活动实施结束后，教师收集数据，总结反思，根据记录和反馈得到的内容修改学习活动，然后修改具体的教学策略；第二轮主题学习活动结束后，再次进行数据的收集，总结反思和修改模型；最后一轮主题学习活动结束后，总结前两轮中出现的问题和总结反思的收获与结果，对学习策略和学习活动的模型进行最终的完善。

## 三、活动实施的内容

选取的主题是小学信息技术Scratch编程教学中"数字故事——龟兔赛

跑"的内容，第二个活动的主题是Scratch教学中"交互类游戏——打地鼠"的内容，第三个活动的主题是用Scratch进行自主创作。三个主题活动之间在难度上是递增的，在内容上也具有一定的联系，学生只有完成了前面的活动才能继续完成下一个主题活动，这种学习活动主题的选择和设计有利于学生问题解决能力的发展。

## 四、活动实施的对象

活动对象是小学六年级的学生，大多数学生已经学习过1～2年的Scratch编程和创客教育相关的内容，在这些学生当中，一些学生已经具有一定的编程基础和实践操作能力，对Scratch的基础知识等内容都较为熟悉。

## 五、活动实施的结果与评价

学生对于Scratch编程更加熟悉，并进一步深化了信息技术课程核心素养的培养。学生的创新能力得到发展，完善了信息技术思维，知道如何运用信息技术手段去创造性解决现实问题，实现信息技术知识的应用。学生尝试不断完善一个作品，在不断完善的过程中，提升自己的实际编程能力，尤其是优化思想的发展，对于学生信息技术的发展有着重要的作用。

教师在此过程中，不仅推动了小学信息技术课程的发展，让学生的信息技术学习能力得到提升，并且掌握了信息技术课程和STEM融合的一些技巧和方法，对于其信息技术教学专业素质和能力的发展有着积极的作用和意义。

附：

"基于STEM理念下的小学Scratch拓展资源的开发与应用"开题报告要点

一、研究现状

1. 研究背景和研究意义

2012年国家颁布的《基础教育信息技术课程标准》中指出小学阶段要以程序设计方法和算法思想的体验为旨归，让小学阶段的学生认识一种有趣易学的计算机程序语言及其简单应用，体验用计算机程序语言编写、调试、运行程序的过程和方法，使学生能在简单的编程过程中，开展合作学习，培养发现问题和解决问题的能力。

随着信息技术课程的发展，如今小学信息技术课程已不仅仅是教授一些常用的应用软件的操作使用，信息技术课程应该以培养学生信息素养和计算思维、发展学生的信息技术能力为主要目标。2007年美国麻省理工学院的开发团队Lifelong Kindergarten Group开发的针对少年儿童的简易程序设计平台Scratch，为小学信息技术程序设计教学提供了新的视觉。该平台提供可视化的程序语言，以搭积木的方式通过拖拽定义好的编程模块，快速实现程序的编写，所见即所得，并支持多媒体的导入，可以轻松创作包括舞蹈、音乐、故事、游戏、交互、模拟实验等不同领域的多媒体作品，比较适合小学生通过实验的方式理解编程思想。2014年广州市小学信息技术教科书也将Scratch纳入其中，将Scratch作为整套教材的一个教学模块，正式在全市六年级安排一个学期时间进行学习。但Scratch教学在广州市小学信息技术课堂的开展尚属刚起步，处于摸索阶段，涉及程序设计知识的学习资源并不多，无法很好体现实用性、知识性和思想性的有机整合，甚至有些教材的内容过于刻板，泛而无趣，学生在学习中存在困难，缺乏相对成熟的教学资源及案例。

STEM是科学（Science）、技术（Technology）、工程（Engineering）、数学（Mathematics）四门学科英文首字母的缩写，加强对学生科学素养、技术素养、工程素养、数学素养的培养，强调帮助学生不被单一学科的知识体系所束缚，促进教师在教学过程中更好地进行跨学科融合，鼓励学生跨学科解决问题。

STEM教育的理念对于开发Scratch程序设计拓展资源以及开源硬件Scratch创作资源，并研究如何在教学中使用这些拓展资源有现实的指导意义。因此，我们开展"基于STEM理念下的小学Scratch拓展资源的开发与应用"课题研究，进一步探索在STEM理念指导下开发教材外富有实效的Scratch拓展资源，并将这些资源运用到教学中，设计具有层次性、开放性、融和性的学习活动，培养学生的逻辑思维能力和创新能力，提高学生分析问题、解决问题的能力，更好地激发学生对数字文化的创作意识和兴趣，提高学生的人文素养，提升学生的综合能力，为小学程序设计教学提供一定的经验借鉴和参考。

**2. 国内外研究现状**

国外目前有数以百万的中小学生在学习Scratch课程，甚至连哈佛大学、加州大学伯克利分校这样的世界名校也都开设了Scratch课程。美国于2015年12月正式颁布了STEM教育法案，从教师培训、社会协助、校内外相结合等角度详细规划了STEM教育。英国希望学生在11岁就能用Scratch语言做出简单的2D计算机动画，希望学生在16岁能对形式逻辑有所理解，他们希望信息技术课程能给更多的学生带来创作和创新的空间。澳大利亚从2013年起开始提高对STEM教育的重视，发布了《国家利益中的STEM战略》，设定了2013—2025年的战略发展目标；发布了《STEM：澳大利亚的未来》文件，对STEM教育和培训做了详细的规划。2015年12月澳大利亚联邦及各州和地区教育部部长在教育委员会会议上签署《STEM学校国家战略2016—2026》，通过采取国家行动，改进澳大利亚学校的科学、数学和信息技术教学与学习。日本开展创客教育的方式是对传统教育进行改造：教育部给全国中小学设定一个STEM教育目标，然后让学校通过改进传统教育的方式来达到目标。加拿大则是把创客教育融入日常生活，把STEM相关知识融入与生活相关的问题中，让学生在解决现实问题的同时学到、了解STEM教育。当前，国外中小学对于Scratch的研究主要在于培养学生的学习创造性思维、团队合作能力以及信息素养，让他们从小对程序设计产生兴趣。

台湾地区早在2008年通过正式的课程使学生接触到各类Scratch的编程活动与学习，课程大致上可以分成两大研究主题：一类是Scratch作为程序设计教学工具，另一类是Scratch融入学科学习，可以增进学生的信息素养。2011年S4A（Scratch for Arduino）教师社群的成立，研究如何应用Scratch联结外部传感器，制作出具有教育意义的Scratch教案。香港地区推行"LEAD创意科艺教室"计划，他们大都选择在信息科技类别的学科中，安排课时专门教授Scratch，在内容方面则以讲解软件的功能为主，课堂教学活动包括技巧学习、个人创作及作品分享，让青少年主动探索，促使他们在设计过程中有更多创作。

广州、武汉、浙江和常州等国内较发达的地区已经有一部分中小学将Scratch程序软件运用到信息技术课堂中。近来，我国对Scratch教学的研究也越来越多。在CNKI中国期刊全文数据库中，以篇名为检索条件，检索范围为学术期刊、博硕士、会议和报纸，以"Scratch教学"作为检索关键词进行检索，经统计，截至2017年12月共有374篇相关文章，但有影响力的教学研究成果凤毛麟角。华南师范大学附属小学吴向东和王继华老师、华中师范大学附属小学毛爱萍老师的儿童数字文化创作课程；常州市天宁区教研室教研员管雪沨老师以活动设计的形式编写教材，渗透程序设计思想，并开发常州市天宁区的区本课程；浙江温州的谢作如老师写出Arduino for Scratch代码，编写了《互动媒体技术》校本教材；北京师范大学的项华副教授带领的研究团队从事Scratch语言的课程整合研究，将传感器引入互动多媒体，并在北京景山学校和北京一零一中学等学校展开试验，并初见成效，取得了一定的试验成果。过往这些有代表性的研究表明：科学有效地应用STEM理念，将Scratch植入信息技术学科课程教学，能有效提高学生信息素养，有助于提升学生的科学素养和创新能力，为未来的发展打下良好的基础。

## 3. 核心界定

（1）STEM理念。

STEM是四门学科，即科学（Science）、技术（Technology）、工程（Engineering）、数学（Mathematics）的统称，将这些学科有机地融合在一起，自然组合形成整体，主要强调通过多学科技能训练来发现和创造性地解决现实生活问题，鼓励学生跨学科解决问题，培养学生的创新实践能力。

（2）Scratch的拓展资源。

本课题所说的Scratch的拓展资源是基于STEM理念的多学科融合资源，主要有Scratch程序设计拓展资源和Scratch开源硬件创作资源两个类别，资源的主要框架如图6-4-1所示。

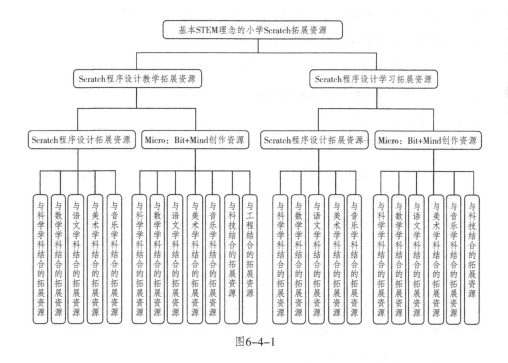

图6-4-1

## 二、研究目标

（1）在STEM理念下，开发小学Scratch教学拓展资源和学习拓展资源。

（2）通过实践研究，形成Scratch教学拓展资源和学习拓展资源应用的策略。

（3）利用Scratch拓展资源创作作品，培养学生的问题解决能力和创新思维能力以及团队合作的能力。

## 三、研究内容

### 1.开发小学Scratch教学拓展资源和学习拓展资源

目前，在小学开展Scratch教学对学生能力、思维、素养方面的培养的积极作用已经达成一定的共识。但是小学Scratch教学目前还是个新生的事物，立足于小学教学的研究并不多见，可使用的教学资源也相对贫乏，学生学习存在一定的困难，没有相对成熟的教学资源和案例可供借鉴使用，因此迫切需要借鉴已有的经验和做法，整合、开发Scratch教学拓展资源和学习拓展资源，使学生在不断尝试、实践与体验中，各种能力能得到提升。因此，开发Scratch拓展资源是十分必要的。

（1）在STEM理念下，整合、开发Scratch程序设计教学拓展资源，包括程序设计拓展资源和Micro：Bit+Mind+创作资源程序设计拓展资源，主要有主题教学资源和多学科融合教学资源。

（2）在STEM理念下，整合、开发Scratch程序设计学习拓展资源，包括程序设计拓展资源和Micro：Bit+Mind+创作资源，主要有电子学案、主题教学资源和多学科融合教学资源。

### 2. Scratch教学拓展资源的应用策略研究

整合、开发Scratch拓展资源的出发点是更好地调动学生的学习兴趣，使学生积极参与学习活动，培养学生的计算思维、创新思维和提高学生动手、合作学习、交流沟通等能力。在应用Scratch拓展资源进行教学活动时，我们还可以融入人文文化和本土文化，使学生能更好地感受到这些文化的内涵，提升他们对这些文化的了解度，提高学生的人文素养。

通过Scratch拓展资源在教学中的实践应用，在行动研究的过程中修改完善，形成行之有效的应用策略，有效提高程序设计教学的实效和教学质量，生成一批有代表性的作品及应用案例。

### 四、研究方法和技术路线（图6-4-2）

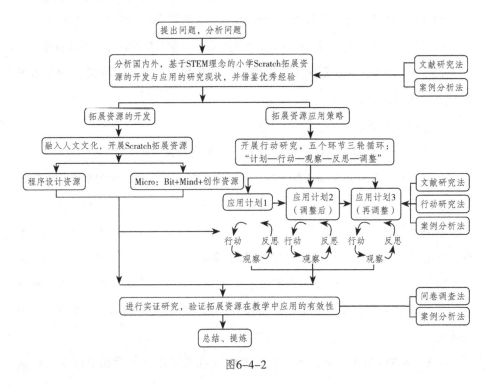

图6-4-2

## 五、研究过程

第一阶段：准备阶段（2018.5—2018.12）。

（1）制订研究方案。

（2）学习相关理论知识，查阅相关研究资料。

（3）确定整合、开发拓展资源的类别及内容。

第二阶段：实施阶段（2019.1—2021.1）。

（1）整合、开发Scratch程序设计教学拓展资源和Scratch程序设计学习拓展资源。

（2）使用整合、开发的拓展资源，开展策略研究。

（3）检查学习效果以及拓展资源使用的可行性，对拓展资源进行修改、完善。

（4）开展三轮行动研究，生成成果和案例。

第三阶段：总结阶段（2021.1—2021.5）。

（1）总结和展示研究成果，发表论文、生成拓展资源、学习案例等。

（2）资料汇编、整理，提炼成果，撰写课题研究报告。

## 六、研究人员组成

课题组成员均来自一线的优秀骨干教师。

## 七、预期成果

（1）《基于STEM理念的小学Scratch拓展资源的开发和应用》研究报告1份。

（2）发表相关研究论文3份。

（3）Scratch拓展资源包。

（4）Scratch拓展资源学习活动案例集。

夯实基础建构小学
信息技术高效课堂

教育家苏霍姆林斯基认为："所有智力方面的工作都必须依赖于兴趣，唤醒学生对知识的兴趣是构建高效课堂的关键。"兴趣以需要为基础，激发学生学习知识的兴趣，实际上就是激发学生的内在需求。学生只有激发学习需求，才会自主开展学习活动。此外，学生自主学习能力的培养是课改的目标。一个人只有具备自主学习能力，才能完成知识的建构，才能适应社会发展的要求。因此，教师要清楚地认识到，在知识大爆炸的时代，教学的根本任务是教会学生学习方法，夯实学生的基础操作能力，培养学生自主学习的能力。

# 第一节　信息技术课程的高效课堂教学

## 一、高效课堂是信息技术课程教学的追求

信息技术给我们的社会、经济以及日常生活都带来了不可小觑的影响，信息技术越来越适用于我们生活的各个方面，熟练地应用信息技术可以说是现代人必须要掌握的一项技能。因此从小培养孩子们的信息素养，让他们熟练掌握信息技术的应用能力也就成了教学中必不可少的一项工作。

我国在中小学阶段已经普遍开设了信息技术课程，在义务教育阶段，信息技术教育的目的就是要培养学生学习的积极性和创造性，提升他们学习信息技术相关知识的兴趣。孩子们从小就接受信息意识的培养，会促进他们养成健康、负责的信息技术使用习惯，并且能够强化他们运用信息技术进行各个学科的学习以及解决各类问题的意识和能力。但是就目前来看，我国中小学许多学校、教师或家长仍然没有意识到培养中小学学生信息技术技能和素养的重要性。信息技术课堂被占用、学校信息设备不完善等问题依然存在。此外，我国信息技术课堂的教学方式仍然以传统的班级授课为主，虽然教师也会在课堂上与学生交流，但仅仅只是教师演示操作、学生模仿、教师纠错的模式，并没有真正达到让学生自己思考与其他人交流的目的。这就会出现教学重难点不明确、教学目标难落实、教学设计针对性不强等问题，从而使教学效果得不到提升，学生对学习失去兴趣。

## 二、高效课堂建构的理论基础

### （一）教学过程最优化理论

巴班斯基教育思想的主要观点就是教学过程的最优化。关于教学过程的最优化，我们可以理解为就是在对教学原则、教学规律、教学手段等内外部条件进行深入的探讨之后，使教学过程在既有的标准下发挥最大的作用。在这个过程中，教师和学生教与学的活动对最优化来说同样重要，并且这个最优化的表述一定要根据学校或班级的具体条件而定，也就是说最优化的程度，一定是受这些具体条件影响的。除此之外，就教学过程最优化的本质来说，它其实并不是一种新的教学手段，而是教师在教学的过程中必须要注重的一种教学策略。在利用其进行师生间的教学活动时，可以将它与教学实践相结合，要注意的是最优化结果要根据具体的条件来决定。因此，教学过程的最优化可以用教师自己的标准来定义，只要能够保证学生在相同的条件下学习的效果达到最好就可以。

### （二）有效教学

有效教学的提出可以追溯到20世纪上半叶西方的教学科学化运动，在这以前西方的教育理论是把"教学就是艺术"作为主要的教学观念的。但随着20世纪以来科学发展对人们思想的影响，人们逐渐意识到，教学不仅有科学的基础，而且还可以用科学的方法来研究。于是，人们开始关注教学的哲学、心理学、社会学的理论基础，思考如何用观察、实验等科学的方法来研究教学问题，有效教学就是在这样的背景下应运而生的。

有效教学不仅指教学的过程中教师和学生教与学的行为，它还注重在整个教学过程中教师有效组织和管理学生的学习与实践。随着有效教学的提出，关于它的概念的研究，不同的学者有不同的看法，还没有一个完全统一的观点。但是关于有效教学概念的界定，可以把学者的观点大致分为两种。一种观点把有效教学看成一种有效率的教学，是指投入到教学过程中的时间、金钱、精力和物力等都是最小化的，但是教学产生的结果是最大化的，也就是整个教学的效率是最大的，教学效果是最优的，这种观点是根据教学过程中所消耗的与教学过程中所得到的之间的关系来界定的；另一种观点认为有效教学的目的是让学生有效地学习，学生在经历过有效教学之后都能够自觉地学习，并具备能够做到之前所不能做到的事情的能力，在这个过程中，学生更愿意去学习，并且能够充分学好所接收的知识。这个观点是从学生的学习方面来定义有效教学的。不论是哪一种定义，其实最终的教学目的都是希望能够用最有效的方式方法或者是学习条件去提升学生最终的学习效果，增加他们掌握知识和运用知识的能力。在本研究中，更倾向于第二种有效教学的定义，毕竟让学生主动地参与到学习中，他们对获得的知识才会有更深刻的印象。

## 三、信息化环境下小学信息技术课堂有效教学影响因素的分析

### （一）信息化环境下有效教学的影响因素

#### 1.有效教学的标准

关于有效教学的标准，不管是在国内还是在国外都有很多的研究成果。例如，在国外对于有效教学标准的研究中，夏洛特·丹尼尔森就在《提升专业实践力：教学的框架》里提出了操作性很强的标准。其提出的标准清晰地描述了教师在教学中应该履行的职责，包括教师对于教学方法和教学内容的掌握、教师对于教学的设计、教师对于课堂的管理、教师对于教学环境的选择、教师与学生的交流等，并通过研究证明只有教师承担并履行了这些职责，学生的学习才会有效果。国内也有研究者对有效教学的标准进行了研究，主要的标准可以概括为教师是否营造了良好的课堂氛围、教师是否明确指出教学目标、教师是否引导学生进行课堂的互动等。

#### 2.有效教学的影响因素

对于教学来说，教师、学生、教学环境和教学材料是不可缺少的构成因素，因此这几个因素在教学的过程中一定会对教学效果产生一定的影响。在现有的研究中，对于有效教学影响因素的观点也有很多，很多研究者都认为教学设计，教师的教学观念、教学方法、课堂管理以及学生的学习兴趣、学习目的、学习环境、学习方法、学习资料等都会在一定程度上影响教学的效果；也有研究者认为影响有效教学的因素分为外部因素和内部因素，外部因素指学校的教学环境和学生，内部因素指教师。在良好的信息化环境下进行

有效的教学，信息化教学设备比较齐全，而且学生对于信息技术课堂学习的基础水平和态度相对比较平稳。因此结合有效教学的标准，将教师因素作为影响有效教学的主要因素来进行分析。

要加强对信息技术学科教师信息素养的培养，信息素养能够促进信息技术课程有效教学的形成。教师的教学观念和态度决定了教师如何进行教学，先进的教学观念和积极的教学态度自然会促进有效教学的实施。教师的知识储备影响着有效教学，教师的教学设计影响着学生的有效学习，教学的环境影响着教师有效教学的实施，教师在课堂上对于学生纪律的管理影响着有效教学，教师要有明确的教学目标，这样教学才能顺利进行，学生才能有效地学习。

（1）教师的教学观念。

教师的性格、心理素质、教学思想、教学观念等影响着教学的效果。笔者通过分析，认为这些都是体现教师教学观念的一些因素。例如，教师的性格会体现出教师是否愿意接触新事物，教师的心理素质会体现出他们对新事物的适应能力，教师的教学思想会体现他们是否会有多样的教学方式，因此笔者将它们统一划分到教师教学观念中。

（2）教师的教学能力。

教师的课堂管理能力、教师的知识以及教师的信息素养等影响着教学效果，笔者通过分析认为，这些因素都体现着教师的教学能力的强弱，因此将这些影响因素划分到教学能力中。

（3）教师的教学设计。

教学目的、教学过程、教学环境、教学方法等影响着教学效果，笔者通过分析认为，在教学设计的过程中这几个方面都是必不可少的因素，教学的目的和环境为学生的学习提供目标可能性，教学的方法和过程体现了教学设计的价值，因此笔者将这些影响因素划分到教学设计中。

影响教师教学效果的因素分为教学观念、教学能力、教学设计三个大方面，在接下来的研究中，笔者将对这三个大方面下具体的影响因素进行分析，找出对信息化环境下有效教学影响最大的因素。

（1）教学设计的影响效果最大。通过大量文献研究可以看出，教学设计的权重明显高于教学能力和教育观念，这表明在这些影响因素中，教学设计对于教师教学的效果影响最大。首先，在教学设计中，教学过程设计的影响占第一位，也就是说教师在进行教学设计的时候首先应该注重对教学过程的设计，要使教学过程的每一环节都与学生的学习活动相适应，学生只有适应了整个教学过程，才会投入到学习中，学习效果才会有所提升，教学设计才有效，教学的效果也才会体现出来。其次，教师的教学方法也影响着有效教学，可以看到排在第二位的教学影响因素是教学方法，也就是说在进行教学设计的时候，教师要根据不同的教学内容运用不同的教学方法，这样才能与学生的学习方法进行配合，只有在教学的过程中运用有效的教学方法，学生在获取知识的时候才会少走弯路，使学习的效率有所提升。最后，教师教学目标的确定影响着有效教学，教师在进行教学设计的时候，一定要明确教学的目的，这样学生才可以明确自己的学习目标，有了学习的目标也就有了学习的动力，对学习也会产生兴趣，学习的效果自然就会有所提升。教师在进行教学设计的时候，还要考虑教学的实际环境是否符合教学设计的标准，一定要避免出现教学设计的环境优于实际教学环境的情况，因为出现这样的情况，学生的学习体验感会差，对知识的理解也会不够深入，就会降低教学的效果。

（2）教育观念和教学能力的影响效果相对较小。通过大量文献研究可以看出，教育观念和教学能力对于有效教学的影响相对于教学设计来说效果较小。但是教师在有效教学的过程中仍然不能不考虑这些因素。例如，教师的知识储备一定要丰富，对学生和课堂的管理一定要合理，一定要有接受新事物的观念，不能总是循规蹈矩没有创新，否则只会拉低有效教学的效果。同时，教师对这些影响因素的考虑还可以促进教学设计的完善，这样就会使教学更有效，起到强化教学效果的作用。

有效教学最终的目的就是要学生进行有效的学习，获取有效的知识，因此，不管这些因素的影响效果大小，教师都绝对不能对其有所松懈。

## 四、信息化环境下有效教学设计的原则

教师的教学设计是影响课堂有效教学的重要因素。教师教学设计中的教学环境、教学目的、教学过程以及教学方法都可以反映出教学的效果，在信息化环境下，对有效教学的过程进行设计，对于促进学生学习效果的提升有很大的帮助。如果要通过实施有效的教学过程来提高信息化的有效教学，一定要充分的考虑以下两点原则。

### （一）教学过程要在信息化环境中实施

教学的过程包括课前、课中和课后，教师要注意的是，信息化环境下教学流程的设计不只是针对课堂的学习时间，还要包括课堂以外的学习时间。例如，在课前教师可以通过信息化平台向学生发放学习资源，包括要学习的内容、需要解决的问题以及相关知识的课外延伸，学生在接收到学习资源之后，对其中的内容进行课前预习，这个预习的过程可以利用信息化工具，如录屏工具、录音工具、相机等进行记录，以达到在课堂上进行展示和讨论的目的。在课后，教师对课堂上出现的知识进行总结，利用信息化交流平台传送给每一个学生，学生在接收之后对自己的学习成果进行总结，包括学到的知识和还有疑惑的问题，并将其反馈给教师，教师在接受反馈之后，对学生的整体学习情况进行汇总和反馈。教师在整个过程中一定要多花心思，引导学生利用信息化环境进行知识的探索。

### （二）教学过程要以学生为主

信息化环境下的有效教学就是要以提升学生的学习效果为目的，因此教学的整个流程一定要以学生为主、教师为辅。在信息化环境的有效教学中，教师和学生的角色发生了转变，这也是信息化时代对于学校教学的要求。教师在进行教学的过程中不能还是保留着教师就是课堂教学主体的观念，而是要把自己当作促进学生进行信息化学习的组织者，多利用信息化环境对学生进行教学，使学生在课堂上主动学习。教师可以为学生创建一个学习的场景，让学生们在这个学习的场景中发现问题，对问题进行探究，最终解决问题。而教师在这个过程中要做的就是去关注学生、引导学生、协助学生，通过互相交流讨论提升学生的学习效果。

173

### （三）有效教学设计依据的原理

课程标准的要求和教学对象的特点是进行教学设计必须要考虑的两点。有效教学需要在考虑这两点要求的基础之上，利用信息化教学环境，对小学信息技术的教学进行设计。为了使教学设计的过程更加合理化，要通过有实践经验的相关教学理论来对教学过程进行设计。

五星教学原理是当代国际著名教育技术理论家和教育心理学家梅瑞尔教授为了改进在线教学、多媒体教学或者E-learning学习中只重视信息呈现、忽略有效教学特征的弊端而提出来的一种教学原理。梅瑞尔的五星教学由聚焦解决问题、激活原有知识、展示论证新知、尝试应用练习和融会贯通掌握五个标准要素构成。五星教学原理有五个标准要素，其中主要就是围绕着"聚焦解决问题"来进行其他四个要素的实施。该原理的宗旨就是促进更有效、高效或积极的学习，它普遍适用于学习系统或者教学体系，被许多研究者推崇。笔者希望通过将五星教学原理的这些特点与有效教学的过程进行融合，使教师对于有效的教学过程设计有更深刻的理解和掌握，从而可以利用这样的教学设计提升信息技术课堂的教学效果。

### （四）有效教学设计的过程

根据五星教学法的教学理念以及层次分析的结果，对有效教学设计进行了改善，改善后的教学设计中包括五个阶段，即课前的"问题发送"阶段，课中的"导入新知""点拨解惑"、"实践练习"三个阶段，以及课后的"评价反馈"阶段。这五个教学阶段作为教学过程中的五个重要环节，从问题的确定到解决问题，都是在信息化环境下进行的，而且教师都要根据学生的实际学习情况做出灵活的应对，这可以充分体现出在信息化环境下的有效教学设计，促进教学效果的提升。为了对教学的设计有更清晰的展示，以梅瑞尔五星教学理念中的"聚焦问题""激活旧知""示证新知""尝试应用"和"融会贯通"五个原理来对教学的设计进行阐述。

### 1. 聚焦问题—课前—问题发送

聚焦问题作为五星教学理念中的核心思想，主要就是为了解决学生在现实生活中运用知识时遇到的问题。它强调只有向学生讲解解决问题后能够继续做什么时，才会提高学生的学习效果。信息化环境可以为教师和学生提供大量解决问题的资料，如教师可以在进行有效教学之前利用信息化环境对知识进行规划调整，并利用信息化交流平台与学生进行交流。有效教学设计中课前问题发送环节，就是为了让学生在课前的时间利用信息化环境对知识进行大致的掌握，了解问题存在的意义。在这个过程中，学生能够在任何时间、任何地点、任何信息化的环境中获取到教师发送的问题，以进行自主的课前预习，掌握知识的重点和难点，并对教学设计的学习目标有大致的了解，这可以提升学生对于信息化资源的利用，还可以锻炼学生对知识的搜集整理能力。

### 2. 激活旧知—课中—导入新知

五星教学原理中，激活旧知主要是为了引导学生进行旧知识的回顾，将旧知识的重点与新知识连接，从而为学生对新知识的学习提供知识基础和理论依据。信息化环境可以为教师进行新知识的导入提供新颖的方式，如教师可以让学生利用自己的信息化学习工具，展示自己掌握的知识，并在课堂上进行讨论。设计有效教学第二个环节进行新知的导入学习，主要是希望通过学生在信息化环境下对自主预习效果的展示，来反映他们对知识的掌握情况，有利于教师尽早发现学生在学习内容上存在的漏洞，并有针对性地进行教学设计。

### 3. 示证新知—课中—点拨解惑

示证新知原理在五星教学中不仅是为学生展示新的知识，更是要将信息化环境利用起来，通过展示新的知识，而让学生最终确定自己的学习目标，并将所收集到的相关知识进行串联，最终达到有效学习。依据这个理念设计了第三个环节：点拨解惑。在这个环节的设计中，主要是针对上一环节遗留的问题进行点拨和讲解，让学生在解决问题的同时获取到新的知识，并明确自己的学习目标，教师可以利用信息化的资源对学生的知识进行补充。

### 4. 尝试应用—课中—实践练习

尝试应用原理在教学的过程中，要求学习者有运用新知识解决实际问题的能力，并且在利用所学知识解决实际问题的过程中，能将学习目标的要求充分展现出来。在尝试应用的原理下笔者把第四个环节命名为实践练习，通俗易懂，就是带领学生对学习的知识进行实践的应用巩固。在这个过程的设计中，教师要运用合适的教学方法引导和帮助学生利用知识解决存在的问题，并对学生完成的作品进行整理。教师可以事先做出相关操作的微视频，学生进行练习的时候可以在实践的过程中，参考微视频来对不熟练的知识点进行补充。

### 5.融会贯通—课后—评价反馈

融会贯通原理是指要培养学生的知识技能，并使他们能够对自己掌握的技能进行反思、探究和评价，对自己的学习方式和技能应用方式进行创新，最终将这些知识技能全部展示出来，这样才会达到有效学习。根据这一原理，把有效教学的课后阶段设计为评价反馈，意思就是学生在课堂学习之后，利用课后的时间，对自己的所学所获进行总结与评价，找出自己的不足，提出自己的新想法。信息化环境可以为学生的一系列行为提供便利的条件，学生可以将这些不足和新的想法上传到信息化的交流平台上，由其他学生和教师一起对其进行讨论和评价，探究新的学习方式，在培养学生的创新思维、促进学生信息素养提升的同时体现教学设计的效果。

在融合五星教学原理进行有效教学过程设计的过程中，整个有效教学过程充分利用了信息化技术为教学提供的便利，使整个教学在信息化的环境中顺利地实施。基于课前、课中和课后的五个教学环节，不光对教学目的进行了展示和探究，提升了学生的创新思维和评价能力，还在一定程度上完善了教学过程中可能会存在的问题。同时在这个学习的过程中，学生能够依据适合自己的学习方式进行知识的吸取和扩充，充分利用信息化资源和工具进行学习，以达到自己的学习目标，并在课堂上对自己所掌握的知识技能进行展示，使课上和课下、实体课堂和虚拟课堂的学习有效结合，最后还能在评价反馈的过程中总结经验、发现问题，锻炼自己的表达能力和创新能力。此外，教师能够在整个教学的过程中，直观地发现学生学习中存在的问题，注重对学生的学习过程的引导、点拨、总结和评价，这对于促进教师的有效教学、提升学生的学习效果有积极的影响。

# 第二节　基于网络环境优势优化
# 信息技术课程教学

教育部原副部长王湛同志指出：信息技术教育的发展和普及，不仅仅是在中小学开设一门新的课程，也不仅仅是让学生了解计算机的技术原理、网络及应用的知识，更重要的是通过信息技术教育，在现代信息环境下，提高学生的学习兴趣，培养学生自主学习的意识和能力，培养学生的创新精神和动手能力，为学生生动、活泼、自主学习创造新的空间与条件。为了进一步提高信息技术教育的效益，在网络环境下进行计算机教学的一些做法，收到了良好的效果。

## 一、在网络环境教学中，提高学生的学习兴趣

网络环境下的计算机教学能最大限度地提高教学效益，实现教学的最优化。俗语说："好的开端，就是成功的一半。"的确，在课堂教学中，如果一开始就能吸引学生的注意力，调动起学生学习的积极性，可以收到事半功倍的效果。同传统教学的创设情境比起来，网络环境下教学的情境创设更符合学生的认知规律，吸引学生的注意力，提高学习的积极性。利用网络环境创设情境，能刺激学生的多种感官参与学习，有效调动学生内在的多种需求，诱发学习的需要。例如，教学《成绩表的统计》一课时，教师出示各种各样与学生日常生活密切相关的数据表格，让学生通过用各种方法对表内的数据进行统计，许多学生想出了不同的方法（口算、笔算、计算器、珠算等），这时教师适时地利用电脑来进行表格的数据统计，并让学生观察发

现，教师是在很短的时间内得出计算结果的，以此来激发学生的学习兴趣和欲望，引发学生自身内在的学习需求，并让学生清楚地知道通过学习可以解决日常生活中遇到表格内数据统计的问题。由此不难看出，在网络环境下能有效地创设情境，唤起学生长期记忆中有关的知识或表象，让学生利用自己原有的认知结构中的有关知识与经验去"同化"新知识，唤起学习的需求。因此，创设情境对学生的后继学习起到了不可低估的作用。

## 二、在网络环境教学中，培养学生的创新精神和动手能力

每个学生都具有潜在的创新能力，都有自主探索的愿望和要求。我们要为每个学生提供表现潜在探索欲的机会，通过网络教学培养他们的创新精神，充分展示他们潜在的创新能力。著名的教育学家杜威指出：理解的本质是与动作联系在一起的。的确，在网络环境下学生学习知识、掌握知识、应用知识，知识重点的展开和难点的化解以及知识的巩固应用，都需要学生亲自动手操作才能完成。这种方式适应了儿童喜欢自主参与、探索体验的心理特征。它是学生获得学习动机的原型，它有效调动了学生的内在需求。学生在提出问题、学习问题、解决问题中获得的是成功的体验，很自然就形成不确认自己的学习成果不肯罢休的心理，加上软件所提供的生动活泼的多媒体反馈信息，又不断刺激学生对新信息的搜索与提取过程，使学生始终处在兴致勃勃的创造活动中和在真切把握认知对象的感受下展开学习过程，在获得信息技术能力的同时，获得具有创造意义的学习方法。这样，就可以充分培养儿童具有创造性的学习能力、协作能力、生活生存能力。学生在学习过程中，整个认知过程都在主动探究、动手操作，从而乐意去学，主动去学。例如，在教学小学计算机课本第一册《文章的修改》中，教师在教学"DEL"键和"INSERT"键的含义和用途时，不是单一地通过讲解和演示把这两个键的含义和用途交给学生，而是利用网络上的辅教软件让学生先动手进行自主学习，总结归纳出这两个键的含义和用途。当学生们都已经掌握了"DEL"键和"INSERT"键的用途后，在网络环境下出示不同层次的练习，让学生利用所学到的知识来进行相应练习。练习后总结解决练习问题的方法，许多学生都提出了不止一种解决练习问题的方法，由此不难看出，在网络环境下进

行学习，学生的动手学习能力和创造思维得到了一定的发展和提高。

## 三、网络环境教学，为学生自主学习创造新的空间和条件

（1）网络环境教学，培养学生自主学习的意识和能力。

教育学家波利亚曾说，"学习知识的最佳途径是由学生自己去发现，因为这种发现，理解最深，也最容易掌握其中的内在规律、性质和联系。"显然，课堂教学就必须把课堂真正还给学生，让学生自主地参与到教学活动中去，使学生成为学习的真正主人，主动去获取信息，学习知识。在网络环境下，教师的角色不再是信息的传播者、讲师或组织良好的知识体系的呈现者，而是从"教"转变为"导"。学生在网络环境下的学习，是学生与计算机之间的交互过程。通过网络的资源共享为学习提供各种的便利，通过图、文、声、动画等丰富的多媒体表现手法和课件的交互优势，恰如其分地将新旧知识的连续点，教学重点难点处，学生思维转变处、困惑处等方面一一呈现在学生面前，使学生得到学习上的启示，从网络上找到所需要的信息并利用这些信息完成学习的任务，解决学习上的困难，实现知识、技能的迁移。学生在理解知识、掌握知识、巩固应用的同时，经过自己的思考、小组间的合作学习完成学习任务。特别是个别学生在学习上遇到困难时，除了可以请教旁边的同学或老师外，还可借助多媒体辅助教学软件对所学习的内容进行再次学习，使所学的知识得到巩固。在网络环境下进行教学，增强了学生学习的自主性，提高了学生自我调节、自我监控等元认知能力和自我探讨知识的积极性，确保教学过程的最优化，提高教学效益，有助于提高学习效率，减负提质，更有助于培养学生自主学习的意识和能力。例如，在教学《成绩表的统计》一课时，如果教师只是一味枯燥地演示如何进行数据的统计，再让学生模仿操作，不但不能调动起学生对学习的兴趣，教师所讲授的知识学生也不能很好地掌握，导致教学的效果不尽如人意。如果教师设下悬念后，引导学生借助书本，结合计算机多媒体软件进行小组自主学习，把学习的空间交给学生，学生的学习兴趣一下子被提升了，都十分积极地在小组内利用网络资源进行学习，提出自己在学习中所遇到的困难，通过小组成员或老师的帮助解决学习上所遇到的问题，使学习上的障碍一一扫除，每个学生都能

掌握统计的方法和步骤，以及在进行数据统计操作时应该注意的问题，再通过不同层次的练习，使所学到的知识得到再次巩固。利用网络环境进行学习，学生学习的兴趣盎然，学习的积极性高。利用网络的资源解决学习上的需求，不但学得好，而且学得牢。

（2）网络环境下学习，为学生提供广阔的活动空间，使学生在愉悦中获取知识。

网络环境可以为学生营造一个轻松宽裕、生动活泼的学习环境、创造环境，学生通过自己动手操作、自主学习，在网络里浏览、查寻、搜集、获取有用的信息，并通过自己与学习伙伴的交流，分享学习的经验，吸取别人的先进经验，使学习不再是一种负担，而是一种乐趣。在网络环境下学习学生不但开阔了自己的视野，而且提高了收集资料、获取信息的能力。例如，在教学《学做小编辑》一课时，教师首先让学生在网络里浏览别人已经做好的小板报和一些图片的资料，以此开阔学生的视野，激发学生的学习兴趣，再让学生利用网络上的资源自己动手进行小板报的设计，学生通过在网络里搜集、获取有用的信息，进行练习。在练习的过程学生还可以不时地与学习上的伙伴商量，交流各自的意见，令编辑的板面更丰富、更合理、更美观。网络环境下的学习，使学生在一种轻松、愉悦的环境中学习，在网络里获取对自己有用的资源。

（3）网络环境下学习，为每个学生都提供适合自己发展的空间。

网络环境下的学习，为每一个学生提供各自的发展空间。以往的传统教学，往往很难给学生一个自由发挥的机会，使学生的学习积极性遭受打击，难以适应不同层次的学生的发展需要。而网络环境的教学，却能很好地适应不同学生的发展需求，适应学生不同发展阶段的需求。对学习有余力的学生进行高层次的练习，而对学习有困难的学生进行知识的再次重现及进行不同层次的练习。这样不但使学得好的学生"吃"得好，而且"吃"得饱，又能使学习有困难的学生学得好。例如，在教学《成绩表的统计》一课时，教师在网络环境下出示了几组不同的练习，让学生根据自己的实际情况选择练习题，学有余力的学生可以完成全部练习，而学习上有困难的学生经过再次利用网络学习，只完成目标检测就可以了。这样，利用网络进行教学能使学生对同一目标段的学习内容和练习进行多次重复选择，使所学的知识得到巩固，使学习有困难的学生端正学习的态度，树立学习的信心，养成良好的学习习惯。网络环境下的学习使不同层次的学生得到了不同层次的发展。

（4）网络环境下学习，实现个别化教学。

网络环境下的学习可以适应和促进学生的个别化学习，使每个学生都能获得适合自己特点的教学帮助，使每一个人的潜力都能得到最大限度的发挥。多媒体教学网络具有更强的交互性，对于学生的参与和师生之间的交流更有着不能替代的作用。教师既可通过教师机和网络向学生机传送教学信息，还能任意调用学生的屏幕信息，了解学生的学习情况，针对不同学生在学习中出现的问题借助网络个别对话与辅导。资源的高度共享与教师的针对性反馈，增强了课堂师生信息传输的密度。例如，在教学《学做小编辑》一课时，教师可利用教学网调用学生的屏幕信息，了解学生制作小板报的情况，针对学生在操作中遇到的问题进行指导，与学生交流制作小板报的意见，使学生制作的小板报更完善、更精美。

实践证明，通过计算机网络的教学，能增强学生的学习兴趣，活跃课堂教学的气氛，使学生情绪愉悦，思路清晰，给予学生最大限度的自主学习空间，让学生自己在网络上寻找、搜集、处理、获取信息，提高对计算机的操作能力，提高课堂教学的效率。与此同时，处理信息的速度也显著提高，有利于培养学生健康的学习心理、良好的学习习惯、科学的学习方法和自主学习的能力，从而促进他们整体素质的提高。合理地使用网络，使现代技术和传统经验在教学中各扬所长，相得益彰。

# 第三节 夯实学生"基本操作"能力

"基本操作"课的教学，着重让学生掌握WPS中文系统里的一些基本操作，了解每个基本操作的方法和步骤，并让学生把这些知识运用到日常的生活、学习中。在信息日益发展的今天，让小学生掌握一些基本的操作方法，对学生以后的发展有不可低估的作用。根据学生的年龄特点和教材的特点，对"基本操作"课的教学实施了如下策略：

## 一、创设情境，激发学生的学习兴趣

鲁迅先生说过：没有兴趣的学习，无异于一种苦役；没有兴趣的地方，就没有智慧和灵感。兴趣是一种具有积极作用的情感，而人的情感又总是在一定的情境中产生的，学习兴趣是学习动机中最现实、最活跃的成分，是学习活动中积极的心理因素和强大的推动力。倘若一节课的开头教师能激发起学生学习的兴趣，吸引学生的注意力，激发学生强烈的学习兴趣和求知欲，让学生带着积极、愉悦的情绪投入到学习中，学生学习的效率就会大大提高，课堂教学质量也会提高。如果在上"基本操作"课时，教师只一味地讲解操作的方法、要领、操作的注意问题，就让学生自己上机练习，由于学生的认知结构比较简单，学生对老师所讲授的知识，只是在脑海里留下一个模糊初步的印象，就会对后继的学习造成了一定的阻碍，使学生对学习失去了信心。因此，在上新授课前，如能刺激学生多种感官参与学习，有效调动学生内在的多种需求，诱发学习的需要，也就是激发起学生学习的兴趣，吸引学生的注意力，调动起学生学习的积极性，所收到的效果是事半功倍的。例如，在教学《成绩表的统计》一课时，教师先出示各种各样与学生日常生活密切相关的数据表格，让学生通过各种方法对表内的数据进行统计，许多学生想出了不同的方法（口算、笔算、计算器、珠算等），这时教师适时地利用电脑来进行表格的数据统计，并让学生观察后得出，教师是在很短的时间内计算出结果的，比起使用他们所提出来的计算方法，不但计算准确，而且速度快。

由此来激发学生学习的兴趣和欲望，引发学生自身内在的学习需求，并清楚地知道通过今天的学习可以解决日常生活中遇到表格内数据统计的解决方法。由此不难看出，创设情境，能更好地激发起学生学习的兴趣，唤起学习的需要。因此，创设情境的成功与否，对学生的后继学习起到了不可低估的作用。

## 二、制订明确的目标，让学生带着目标有目的地学习

教师在引入新课时，激发了学生学习的浓厚兴趣，引发了学生学习的需求，这时教师可让学生自己说出这节课想学到什么知识或想了解什么知识，由学生制订出学习的目标，把教师的教学目标转换成学生学习的目标。学生为达到自己所定的学习目标而学，自然学起来劲头十足。例如，在教学《成绩表的统计》一课时，当看到老师通过按几个简单的按钮就能准确计算出结果后，学生都想学到相关的知识，以提高自己的计算速度和准确性。这时教师可提出："看见这个题目，同学们想通过这节课了解或学习一些什么知识呢？"学生纷纷发表了自己的学习欲望，也就是学习目标，最后教师归纳总结为：①知道求平均值和求和的方法和步骤；②灵活运用所学到的知识解决问题。让学生自己制订学习目标，学生在这节课的学习中会不自觉地按着自己所制订的目标去学习。整节课学生带着明确的目标学习，增强了学习的目的性，培养了学习的兴趣，提高了学习的效率。

## 三、同伴、小组协作共同解决学习问题

显然，课堂教学就是要把课堂真正还给学生，让学生自主参与到教学活动中去，使学生成为学习的真正主人，主动去获取信息，学习知识。同

伴、小组合作共同学习，其实就是让学生自主学习，通过同伴的协作、小组的互助学习，理解知识、掌握知识、巩固应用知识、对知识进行互补。在学习新知识时，如果教师只是一味地讲解知识的要点，再让学生进行上机操作，所收到的效果甚微。教师从"教"变为"导"，给学生创设学习环境，让学生有充裕的时间进行自主学习，能增强学生学习的自主性，提高学生自我调节、自我监控等认知能力和自我探讨知识的积极性，确保教学过程的最优化，提高教学效益，有助于提高学习效率，减负提质，有助于培养学生的自主学习意识和能力。由于学生的知识水平有着各种差异，在教学中可允许学生自己寻找学习上的伙伴，也就是学得好的学生可以把自己的学习经验介绍给大家，对学习内容还有疑问的学生，还可以有目的地请教一下学得比较好的同学，及时对知识进行互补。例如：在教学《成绩统计表》一课中，如果教师只是一味枯燥地演示如何进行数据的统计，再让学生进行的模仿的操作，不但不能调动起学生对学习的兴趣，教师所讲授的知识学生不能很好地掌握，使教学的效果不尽人意。教师设下悬念后，引导学生借助书本，结合计算机多媒体教学软件进行小组的自主学习，把学习的空间交给学生，学生的学习兴趣一下子被提升了。学生通过看书、看软件的演示，纷纷在小组内发表自己的意见，把自己的学习经验介绍给大家，把自己在学习中所遇到的困难提出来，通过小组成员或老师的帮助解决学习上困难，使学习上的障碍一一扫除。然后，通过学生的汇报，教师小结出了求平均值和求和的方法和步骤，以及要注意的问题，使学生的脑海里形成了一个完整的认知结构。接着老师再留出充裕的时间，让学生看看自己对所学的知识还有哪些疑问，有目的地寻找出自己的学习伙伴，解决学习上的问题。这样不但能使学生适应不同层次学生的学习，使学得好的学生能发挥自己的长处，使学习上有困难的学生学得好。

## 四、培养学生的创新精神和动手操作能力

每个学生都有潜在的创新能力，都有自学探索的愿望和要求。我们要为学生提供表现潜在探索欲的机会，让学生充分展示自己的才能。著名教育

学家杜威指出：理解的本质是与动作联系在一起的。对学习知识的掌握、巩固、应用，知识重点的展开和难点的化解，都需要通过学生亲自动手操作才能完成，这种方式适合了儿童喜欢自主参与、探索体验的心理特征。由于每个同学对自己所学到的知识都有不同程度的了解和掌握，因此，在学习的过程中不难会出现用不同的操作方法解决相同问题。所以，在学生找出了不同的解决问题的方法时，教师应及时给予肯定。久而久之，学生在学习的过程中就形成了主动探究、动作操作的能力。例如：在教学《文章的修改》一课中，教师在教学"DEL"和"INSERT"键的含义和用途时，不是单一地通过讲解和演示把这两个键的含义和用途交给学生，而是让学生利用辅教软件先动手进行自主的学习，总结归纳出这两个键的含义和用途。当同学们都已经掌握了"DEL"和"INSERT"键的用途后，出示不同层次的练习，让学生利用所学到的知识来进行相应的练习。练习后总结解决练习问题的方法，许多同学都提出了不止一种的解决方法。由此不难看出，不但培养学生的创新意识和能力，而且提高了动手操作的能力。

## 五、通过评价，及时反馈调控，让学生感受到成功的喜悦

在教学过程中适时地检查教学效果并做出评价，是调节教师教学行为和学生学习行为的重要手段。可通过自己对自己或别人的评价来检查教学的效果，对教与学的行为做出调整。适时的评价，能有效地调动学生学习的积极性，培养学生的学习兴趣，使课堂教学气氛活跃，体现学生是学习的主体，提高学生的主人翁意识。在教学的整个过程中，由学生自己提出学习问题，通过学习解决了学习问题，学生会感受到成功的喜悦。例如，在教学《文章的修改》一课时，让学生自主学习，通过评价小结出操作方法后，对学生进行分层练习，允许学生用不同的方法来解决练习中出现的问题。练习后，让学生对同位的同学进行评价，评价其练习过程、所使用的方法等，学习别人先进的经验，改进自己不足的地方。最后对学生进行目标的检测，通过检测来评价学生的学习情况，让学生看到自己学习的效果，分享成功的喜悦，增强学习的自信心。

"基本操作"课的教学，绝不是教师的讲授、学生的操作，而是一种通

过师生间、生生间的协作和评价去进行教学，培养学生的创新意识和动手操作能力，发展学生的思维的教学，使学生通过自主学习自己去发现新知，调动学生学习的积极性，提高学生对计算机的操作能力，使课堂教学质量得到一定的提高。

# 第四节　发展性评价助力高效课堂建设

学习评价是一个持续的活动过程。而发展性评价突出评价的过程，集中体现了"一切为了学生发展"的教育理念。学生的学习处于不断发展变化的过程中，在信息技术课堂教学中必须关注学生学习的全过程，促进学生各种能力的发展和完善。发展性学习评价是以促进学生发展为最高目的的活动，它作为学生学习过程中的反馈调节系统，能有效促进学生的全面、主动、和谐、持续发展。在小学信息技术课堂教学中发展性评价能极大地调动起学生学习计算机基本知识和操作的热情和积极性，让他们通过动脑、动口、动手去进行学习。在课堂教学中，引导学生积极参与评价，使师生间、生生间的交流活跃，改变了以往教师讲、学生练的沉闷气氛，使学生会学、乐学，有效地促进了学生自主学习、主动探索，与此同时也提高了学生的交际能力、评价能力、判断能力等各种能力，大大提高了学习计算机的效率，学生的计算机素养不断得到提高。发展性评价优化小学信息技术课堂教学的主要表现为：

## 一、发展性评价促进了学生自主学习、自主探索

我们引导学生参与评价的目的，是让学生彼此交流议论，通过评价自己或别人的学习行为，来推动学习过程的深入。学生在课堂上所想、所说、所议、所评，成了课堂教学的重要组成部分，让学生参与课堂各环节的教学活动，激起了学生强烈的好奇心，激发了学生浓厚的学习兴趣。在这时，学习不再是枯燥、机械的讲解，而变成了学生强烈的认知内驱力驱使下的一种积极的学习过程，是学生自主探索、合作交流的主动学习。例如，在教学《Windows窗口的基本操作》时，教师先不介绍操作方法，让学生分组进行自

主合作学习，学生们纷纷根据自己已有的知识和课本上所介绍的知识发表自己的意见，然后在小组汇报的基础上评价汇报小组的学习结果，在肯定别的小组的学习成果的基础上，发表自己对该知识点的见解。例如，在学习复制/粘贴这组命令时，有部分学生在肯定别的同学的操作方法后，再汇报自己的操作方法，并根据自己的想法进行了演示。操作方法在得到别的同学的肯定时，学生对该知识的操作能力也得到了一定的提高。

附：学生在学习过程中的记录表

自己找到的操作方法：（1）_____

（2）_____

（3）_____

组员找到的操作方法：（1）_____

（2）_____

（3）_____

你自己认为最方便、最喜爱用的操作方法：_____

你愿意和组员交流操作方法吗？（愿意、不愿意）

你大胆发表自己的意见吗？（是、否）

## 二、发展性评价促进了学生多种思维能力的发展

学生参与评价，能更好地燃点起思维的火花，形成头脑风暴，激发起参与学习的兴趣。学生通过发表和听取别人的评价意见促进了自己分析事物、推理判断思维能力的发展，同时也锻炼了自己的逻辑思维的严密性，在与别人交流、议论的过程中拓宽了自己的思路，触发了创新灵感。学生多种思维能力的发展即学生多元智能的发展，多元智能理论认为，每位学生的智能都各具特点，并有独特的表现形式；有的学生在某一种或几种智能上表现突出，另一些学生则在其他智能上表现突出。因此多元智能理论倡导多样化的评价观，在真实的情境中观察学生提出问题、解决实际问题的能力；主张以评价促发展，让评价与学习融为一体。

在信息技术教学发展性评价中注重把传统的模仿操作与解决实际问题相结合进行多元化评价，在具体的问题情境中，多元化评价有利于观察学生

展示的各种潜能，客观地评价学生的智能发展水平。用学生学习电子档案袋（包括个人自评、同学评价、教师及家长评价等）、成果集等记录学生的学习过程是一种很好的评价手段。先进的信息技术发展可以为多元智能评价提供多种工具以提高评价效率和效果。例如，在学期初为每一位学生建立一个"电子成长档案袋"，记录袋中的内容包括学生在课后的感受（收获和疑惑）、学生的作品、学生对所学知识点的评价等，通过让学生记录学习的过程，来发展学生的各种思维及能力。学生经过一段时间的学习评价，信息技术的理论知识和操作能力有了一定的提高。

## 三、发展性评价促进了学生能力的发展

教师在引导学生参与评价的过程中，通过组织学生与学生之间、小组与小组之间、教师与学生之间的多方面评价，活跃了学习气氛，提高了学生的学习交往能力，激励了学生奋发向上、互相合作与竞争，从而促进学生人格的健康发展。

### 1.学生参与评价，促协作能力的发展

学生在课堂上互相评价，共同讨论，共同协作学习，坦诚交往，互相帮助，欢乐共处。他们在这共同学习的新型人际交往关系中，学会互相帮助、互相激励、互相交流、互相启发，也学会了合作，并在合作中发展，提高计算机的操作能力和计算机的素养。例如，在学习《文章的修改》一课时，改正错误的字符有几种不同的方法，传统的教授方法是教师直接告诉学生有哪几种方法，学生只会"水过鸭背"听完了就忘了，事倍功半。教师适时地组织小组学习，让学生通过合作来进行学习，在小组内把自己的想法提出来互相交流、分享，小组内的成员细心聆听组员所发表的意见，可以提出自己的见解，由此来促进自己的学习。经过合作学习，学生不但找出了不同修改字符的方法，而且还发现了要注意当前光标的状态，当前光标状态不同，采用的方法也不同。由此不难看出，学生参与评价，促进了学生协作能力的提高。

### 2.学生参与评价，促与人交往能力的发展

学生参与评价，不但训练了思维组织能力和口语表达能力，还提高了

与人交往、协作的能力。在课堂评价的过程中，学生的评价语言逐渐得到完善，评价语言更标准、更清晰，与人交往的能力逐渐得到提高。例如，在开始在信息技术课堂教学中渗入发展性评价的时候，学生们都不敢大胆评价别人的学习行为，而且对评价的标准也不能十分好地把握，评价的语言也比较单一。经过一段时间后，学生们都能大胆地从多方面评价自己或学习伙伴的学习行为，而且都能运用准确的评价语言去进行中肯的评价。由此不难看出，学生与人交往的能力得到了一定的提高。

### 3.学生参与评价，促学生自主独立地发展

学生参与课堂教学评价后，不再是"麻木的应答者"。学生也从单纯的"听"者、"答"者角色中走出来，充当了"问"者、"论"者、"思"者、"评"者等角色，还承担了组织同学之间互相评价、共同活动的任务。他们不仅听教师说，还听同学评，甚至自己也参与评价，课堂教学呈现出可变动的、师生多向的、多中心的互动关系。例如，学生在评价别人与自己的过程中，不自觉地根据自己所需要学习、掌握的知识去评价自己或别人的学习行为，及时纠正自己的学习行为，朝自己所订立的学习目标前进。

### 4.学生参与评价，不断完善自我

学生参与了评价，集体中的每个人都有机会评价自己、评价别人，集体中的每个人也都有机会听取意见和提出自己的意见和建议。学生在评价中学习欣赏别人的优点，乐于接纳别人的意见，敢于对别人提出批评和建议，也通过评价了解自己的长处与短处，在学习中进行自我矫正，取长补短，不断完善自我。

## 四、发展性评价有利于教师及时调控，提高教学效率

让学生参与课堂的评价，教师可以依据学生的评价意见及时反馈，因势利导，引导学生在互评、自评等多项活动中，有效地把课堂上不懂、不会的问题逐一解决，提高教学效率。例如，在教学《图形的编辑》一课时，教师设计了评价表，让学生通过评价自己或别人的操作，来提高自己的操作能力（表7-4-1）。

表7-4-1

| 评价内容 | 评价等级 | | | |
|---|---|---|---|---|
| | ☆☆☆☆☆ | ☆☆☆☆ | ☆☆☆ | ☆☆ |
| 基本操作的掌握情况 | | | | |
| 有没有找出别的操作方法 | | | | |
| 不懂的知识解决的情况 | | | | |
| 有否与别人交流后，掌握知识 | | | | |
| 有否对别人提出中肯的意见 | | | | |

学生每完成一项学习后，及时填写评价表，教师可根据学生所填的评价进行及时的反馈调控，从中了解学生的学习情况，为学生及时解答疑惑，使学生掌握所学习的知识，不再畏惧难题，在教师或其他同学的帮助下解决问题。由此不难看出小学信息技术课堂进行发展性评价教学，不但改变了学生以往的学习模式，也改变了教师一直以来的教学模式，因人而异地根据学生的实际调整教学，使每个学生能最大限度进行有效的学习。

实践证明，发展性评价进入信息技术教学课堂是势在必行的，不仅促进了学生的自主学习、主动探索，同时也促进了学生多种思维能力的发展，使学生的各种能力得到发展，提高了不学生与人交往的能力，有利于教师及时调控，提高教学效率。

附：

## 《图形的编辑》教学设计

【教学内容】

广州市小学信息技术教育课程《信息技术》第二册（试验本）P15~19图形的编辑（复制、粘贴、缩放和翻转/旋转）。

【教学对象分析】

本节课的教学对象是六年级第一学期的学生。学生对画图的兴趣较浓，已基本掌握画图的基本绘图工具和菜单栏的相关知识，因此本节课采用引导发现法、教授法、讨论法、练习法来进行教学。经过一段时间，学生对评价的方法已掌握得比较好，本节课继续重视学生对学习的评价，通过评价来激励学生积极思考问题、主动解决问题。

【教学内容分析】

本节课的教学内容主要是让学生掌握图形编辑的复制、粘贴、缩放和翻转/旋转的操作方法，通过这些操作来美化画面和提高画图的速度。特别要注意强调的是做这些操作前必须先选定编辑的图形。

【设计思路】

学生接触画图的时间虽然不是很长，但学习的兴趣很浓，深感绘画的愉悦。通过几节课的学习学生掌握了一些基本的画图工具和菜单栏的一些相关知识，本节课让学生通过小组学习，借助辅教软件进行学习，并通过评价让学生自己去发现知识点，运用知识。因此，在新授课前，让学生观察几幅漂亮的图画，并知道这些图画其实就是一些简单图形的重复组合，通过教师的演示，清楚地知道运用这些操作方法美化画面的优势，从而引起对本课的学习兴趣。接着让学生分小组带着问题阅读课本和辅教软件学习本课的新知，在小组学习中提醒学生注意对图形进行编辑时必须先选定编辑的图形。学习后，让学生通过汇报、评价去初步掌握新知，并启发学生找出除了示范的方法外，还有其他的方法可以进行复制、粘贴、缩放和翻转/旋转。在学生已有了初步的认知结构时，教师提出问题：①在进行图形编辑前，必须注意些什么？②怎样进行复制、粘贴、缩放和翻转/旋转操作？由此归纳新学习的知识。接着，让学生寻找自己学习上的伙伴，对所学知识进行查漏补缺，力求做到掌握这四个图形编辑的操作方法。然后，让学生在素材库里选取自己喜爱的图形，绘画出一幅构图合理、画面美观的图画，以此训练学生对这些编辑方法的操作，让学生把所学的知识运用到练习中，提高画图的速度和美化图画。

【教学目标】

（一）基本目标

1.认知领域

（1）掌握图形复制、粘贴、缩放和翻转/旋转的操作方法。

（2）知道进行复制、粘贴、缩放和翻转/旋转操作前必须先选定图形。

## 2.操作领域

（1）运用正确的方法对图形进行复制、粘贴、缩放和翻转/旋转的操作。

（2）正确、合理地运用复制、粘贴、缩放和翻转/旋转等功能，提高画图的速度，美化图画。

## 3.情感领域

培养学生正确地看待别人对自己的评价意见和对别人提出的评价意见必须持中肯的态度。

## （二）发展目标

培养学生正确运用评价方法，培养审美能力。

## 【教学重点、难点】

### 1.教学重点

（1）掌握复制、粘贴、缩放和翻转/旋转的操作。

（2）正确、合理地运用这些编辑操作美化图画。

### 2.教学难点

（1）对图形进行编辑前，必须先选定所编辑的图形。

（2）正确地运用复制、粘贴、缩放和翻转/旋转对图形进行操作。

## 【教学方法】

引导发现法、直观教学法、教授法、讨论法、练习法和评价法。

## 【教学媒体】

计算机、电视机、投影仪、辅助教学软件、课本。

## 【教学过程】

### （一）激趣

### 1.出示两幅图

师：请欣赏两幅画，哪幅画的内容比较生动有趣？为什么？

请你再仔细观察第二幅画的那群马，你有什么发现？（一些马的大小不同，所站的位置、姿态不同）

### 2.过渡

其实这幅画就是用了图形编辑里的四个操作，使画面更丰富而且创作快捷。那你们也想当图形编辑的小能手，画出更漂亮的图画吗？今天，我们就来学习图形的编辑。

（二）出示课题、目标

1. 出示课题：图形的编辑。

2. 出示目标：学生自己提出学习的目标。

（1）掌握操作方法。

（2）会运用。

（三）新授

1. 小组自学

（1）学生尝试操作：让学生以小组为单位，借助书本和辅教软件进行学习。

师：下面以小组为单位，通过学习，在小组内解决以下两个问题：（出示学习提纲）

① 怎样进行复制、粘贴、缩放和翻转/旋转操作？

② 在进行复制、缩放和翻转/旋转操作前必须注意些什么？

（2）在小组学习的过程中，如果组长发现问题，要马上反馈。

师：哪位同学把自己的学习经验介绍给大家？

小结汇报：请学习得比较好的小组进行板贴，其他小组进行评价和补充。（评价）

（3）师小结：以上四种图形编辑，同学们都找出了操作方法，在进行操作前，我们必须要怎样做？（引导学生说出必须先选定要编辑的图形；复制和粘贴是一组对应的操作）

2. 模仿练习

（1）师：通过刚才的学习，同学们认识了或初步掌握了这四种操作方法。现在，你们可以借助书本、板书和辅教软件，利用素材库里图形，看看自己对这四种操作哪些方面还有疑问，有疑问的可以请教一下你的学习伙伴，大家可以离位互相学习。

（2）让学生离开自己座位，寻找自己的学习伙伴进行学习，弄清楚还没有弄明白的问题，或找出新发现的问题和还没有找出来的操作方法。（教师提供素材让学生进行学习）

（3）小结：提醒学生注意在进行图形编辑操作前必须先选定要编辑的图形。

师：操作的方法很多，我们一般选用易于画图而且自己觉得最方便的方法来进行操作。

### 3. 巩固练习

（1）给出几种不同的素材，让学生自由选择进行练习。

师：看看同学们能不能运用我们以前和今天所学的内容画一幅构图合理而且画面美观的图。

（2）小结评价：引导学生结合今天所学的知识，正确评价别人的作品。（好在什么地方，运用了哪些技巧）

### 4. 总结

今天，同学们能通过自己的学习，发现和掌握这四种图形编辑的操作方法，并且能运用所学习过的知识画出一些构图合理、画面美观的图画。以后我们要善于利用我们所学习的知识来解决在画图中所遇到的问题。

### 5. 作业

复习四种操作的方法。

### 6. 板书设计

**图形的编辑**

目标：（1）掌握操作方法。

（2）会运用。

| 名称 | 鼠标操作方法 | 键盘操作方法 |
|------|------------|------------|
| 复制 | 方法一：单击菜单栏中的"编辑"—单击"复制"<br>方法二：单击鼠标右键—单击"复制"<br>方法三：按住Ctrl键—按住鼠标左键拖动 | Ctrl+C |
| 粘贴 | 方法一：单击菜单栏中的"编辑"—单击"粘贴"<br>方法二：单击鼠标右键—单击"复制" | Ctrl+V |
| 缩放 | 将鼠标指针移到虚线框的一个角上—单击鼠标左键并拖动鼠标——放大（缩小）图形<br>按小键盘上的"加号"或"减号" | |
| 翻转/旋转 | 单击菜单栏中的"图像"—单击翻转/旋转—选定翻转或旋转的角度—确定 | Ctrl+R |